R. KRYSTALINE CARBAJAL

¡Regrese a la Vida!

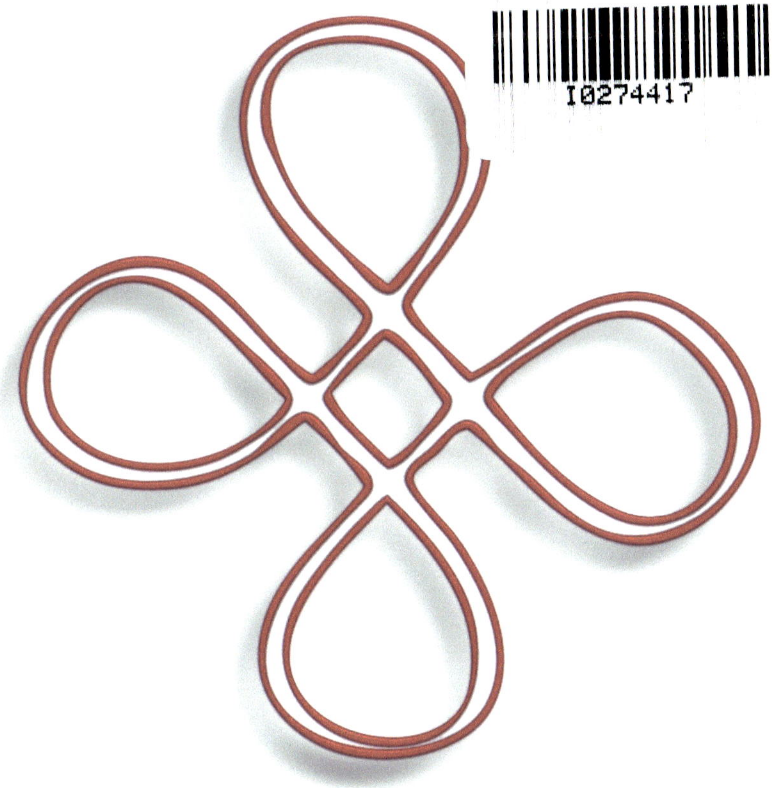

Fortaleciendo

su Espíritu

KRYSTALINE VISIONS PUBLISHING
Copyright © 2011 R. KRYSTALINE CARBAJAL

Todos los derechos reservados bajo los Convenciones de Derecho Internacional y Panamericana. Ninguna parte de éste libro puede ser reproducida sin permiso por escrito de la editorial, excepto en el caso de breves citas enunciadas, artículos de crítica o críticas periodísticas; tampoco puede ser reproducida ninguna parte de éste libro, ni almacenada en ningún sistema de recuperación o transmitida de ninguna forma ni por ningún medio electrónico, mecánico, fotocopiado, grabado o ninguno otro, sin permiso por escrito de la editorial.

Este libro está fabricado en los Estados Unidos de América.
Diseño de portada y texto por R.Krystaline Carbajal
Ilustraciones de los capítulos ©Jonathon Earl Bowser
www.JonathonArt.com

Publicado por Krystaline Visions Publishing, Chicago IL
Sitio web: http://www.KrystalineVisions.com
Línea Gratuita: 800.508.6670

Libros publicados por la Editorial Krystaline Visions están disponibles, de alta calidad en ventas especiales y con descuento, comprando por volumen a granel para usos especiales como educativos, o recaudación de fondos. Para obtener más información por favor llame al 800.508.6670

Carbajal, R.Krystaline
¡Regrese a la Vida! Fortaleciendo su Espíritu.
BISAC: Body, Mind & Spirit / Inspiration & Personal Growth

ISBN: 0615561497
ISBN-13: 978-0615561493

CON AMOR:

Para mis hijos Carlitos, Victoria, Robert, Irina y Oscar. Porque a través de ustedes he experimentado la luz y el amor necesarios que me ha permitido pasar por la obscuridad. Pronto, mis bebés… muy pronto.

Para los faros de luz que se han mantenido como mi brújula en la tormenta y mi inspiración en un legado, muchas gracias.

A todas aquellas personas que han sido parte de mi vida, desde la infancia hasta ahora; de todos ustedes, he aprendido y tomado lecciones; de todos incluye a los que me amen y a los que no. Más vale tarde, que nunca!

En memoria de mis mayores; abuelitos y bisabuelitos. Por las muchas horas de sabiduría concedidas.

Cuando sientas la soledad y el dolor de ella a tu alrededor...

Siempre habrá alguien para quitarte ese temor.

Cuando pienses que ya tu fe se ha terminado,
Regresa por ti, mas determinado.

Que nunca jamás se le olvide rezar,
Ignorando malos ellos lo que no saben orar.

Inteligencia que deliran y dinero que gira,
Amor y sentimiento se nace, no se tira.

-R.KRYSTALINE CARBAJAL
Ángel de la Guarda, *un poema*
5.28. 93

CONTENTS

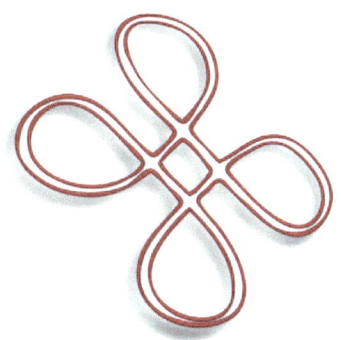

NOTA DEL AUTOR ii
ABRIENDO LAS PUERTAS DE LA PERCEPCION 1
TOMANDO CONCIENCIA 15
LECCIONES DE VIDA 25
SOMETIENDOSE 33
ACEPTANDO EL PASADO 43
REGLAS DEL JUEGO: Filosofía de el Yo 51
LA CALMA: La suerte no tiene *nada* que ver con esto. 67
DINERO, SALUD y AMOR 77
CAMBIO Y BALANCE 83
EL PROPÓSITO DE LA ORACIÓN 91
MEDITACIONES 103
SOBRE EL AUTOR 107

NOTA DEL AUTOR

Les agradezco por tener el valor de admitir que este humilde libro le pueda ayudar de alguna manera. Algunas veces, cuando estamos atrapados en la vida cotidiana, se nos olvidan las pequeñas cosas, incluyendo las vocecitas, o la razón, que escuchamos en nuestras cabezas y que nos dicen cuando algo no está bien. Cuando las cosas no se sienten bien, podemos ignorarlas y hasta negarlas para no aceptarlas. O simplemente no nos tomamos el tiempo de hacerlo.

Me gustaría que entendieran que no encontrarán ningún poder especial en este libro, ni en estas palabras, no tienen ningún significado en especial. Es únicamente dentro de Usted mismo que encontrará lo que busca. Siempre ha estado ahí - simplemente le ha bajado el volumen para no escucharlo o sentirlo, pero ahí está. El poder de liberarse está dentro de Usted y no le puedo decir en dónde específicamente. Únicamente Usted puede saberlo. A través de este viaje que estamos iniciando, navegaremos hacia las ideas y ejercicios que le ayudarán a encontrar la clave escondida, para abrir el candado que descubrirá los misterios que mantiene dentro de su Ser.

Hoy, Usted toma el primer paso hacia su libertad total y completa. La libertad que sentíamos cuando éramos niños pequeños. Libertad sin preocupaciones, ni dolor, o sufrimiento, sin odio, o desamor; todos los cuales envenenan nuestra mente y nuestro espíritu. Estos sentimientos nos mantienen atados bajo su propio control bajo el cual nos mantendrá prisioneros. Usted se ha convertido en prisionero de su propia realidad, y como las palabras lo implican, Usted mismo se ha puesto en ésa situación.

Pasaremos a través de varias puertas. Estas puertas sólo pueden ser abiertas únicamente si ha leído este libro, y ha encontrado ese código escondido dentro de sí para abrirlas. Detrás de cada puerta, solo encontrará lo mejor de lo mejor. Descubra todas las cosas, y llegará a entender, que han estado grabadas y esperando inconsciente o automáticamente por Usted. Las aspiraciones escondidas de su espíritu. El camino de la vida que le pertenece, la libertad y el amor que busca y desea…Todo esto será su propio regalo. Nadie más puede pretender tener la llave, porque Usted ES la llave y la clave.

A medida que pasemos a través de cada puerta, se sentirán estos efectos inmediatamente. Su vida comenzará a cambiar. El cambio es bueno, es parte de la naturaleza. Con cada puerta que se abra, se sentirá más y más cerca de su meta, hasta que eventualmente pasemos la última puerta… y ¡Regrese a la Vida!

Luz y Amor Siempre,

ABRIENDO LAS PUERTAS DE LA PERCEPCION

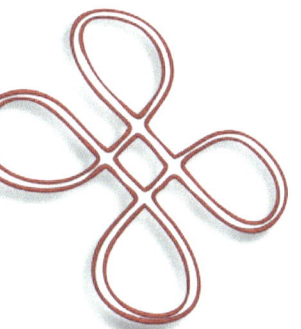

Para poder pasar por la vida, se nos han dado ciertos atributos. Estos atributos se nos otorgan al nacer: Mente, Cuerpo, Espíritu, Intuición, y Percepción. Ninguno de nosotros somos perfectos, de hecho, así es la naturaleza humana, imperfecta, y alguna gente argumentaría que es ésta imperfección que nos previene de ser libres. Es, en realidad, lo opuesto. El primer paso en abrir la primera puerta para crear un cambio, es abrir las puertas de **su** percepción.

Como derecho otorgado tenemos mente y cuerpo con los cuáles funcionamos todos los días. ¿Pero qué del espíritu, intuición, y percepción? Estos tres son muy comúnmente ignorados, principalmente porque la gente ignora lo que no puede ver ni tocar. ¿Podemos ver nuestro cuerpo? Sí. ¿Podemos tocar nuestro cuerpo? Sí. ¿Aceptamos el hecho de que nuestro cuerpo está ahí? Sí. ¡Fantástico! –Ha pasado el examen de aceptación de nuestro cuerpo, y reconocemos que ahí está.

¿Y qué de la mente? Vamos a pasar por los mismos pasos del examen de aceptación. ¿Podemos ver nuestra mente? No. ¿Podemos tocar a nuestra mente? No. ¿Aceptamos que nuestra mente está ahí? Sí. ¡Caramba! ¿Qué paso con esta prueba? ¿Cómo podemos contestar que no, a dos de las tres preguntas, y todavía aceptar que algo si existe? ¿Estamos imaginando cosas? ¿Es pura fantasía o deseo del pensamiento, o será que decidimos cambiar nuestra percepción de un modo abierto para aceptar la existencia de nuestra mente?

Algunos debatirán que nuestra mente está en nuestro cerebro, y el cerebro humano *es* algo que uno puede ver, y tocar. Sin embargo, ¿qué *es* nuestro cerebro, sino agua, azúcar, electricidad y células? Nuestra mente, es nuestra forma consciente de ser, nuestros pensamientos, nuestra inteligencia. ¿Podemos ver o tocar nuestros pensamientos o nuestra inteligencia? Porque no vemos estas cosas, ¿creemos que no existen? Estas son todas, preguntas muy interesantes, y preguntas que por lo regular son contestadas con la respuesta firme de NO.

¿Será nuestra mente que nos dice que sí existe? ¿Está nuestra mente separada de nuestra consciencia? ¿Por qué parece que nuestra mente siempre sabe algo más que nosotros mismos? Mencioné que la llave escondida para abrir las puertas a la libertad la tiene Usted. ¿Por qué es que no sabemos esta información? ¿Sera posible que nuestra mente esté separada de nuestra personalidad? Y si es así, entonces ¿quiénes somos en realidad?

Las respuestas a todas estas preguntas están dentro de Usted. Ya sabe las respuestas. Puede *decidir* no escucharlas. Por ejemplo, pudo haber sido testigo de un evento, y se fue con cierta *percepción* de los eventos que le platica a otros. A medida que el tiempo pasa, alguien que también fue testigo del mismo evento recuerda detalles diferentes a los suyos, de pronto Usted recuerda otro detalle, y otro, hasta que se da cuenta que tiene una percepción alterada del evento. Había obstruido detalles que estaban ahí. No los olvidó, porque los recordó como si hubieran estado guardados en la memoria para después recuperarlos. Se acuerda de todo y se di cuenta que había ciertamente dejado detalles atrás. ¿Cómo puede pasar esto, y por qué algunas personas no pierden detalles?

Esta es la misma experiencia que tienen las personas que son testigos de crímenes o accidentes. Algunos serán muy "buenos testigos", como diría la gente, y otros no pueden ni recordar de qué color fueron los carros en el accidente, ni de que ropa traía, o hacia donde corrió la persona acusada. ¿Por qué algunas memorias son, para algunas personas, como memorias pintadas con acuarelas, como dice una canción, y otras dan recuentos vividos con todos los detalles? La respuesta está dentro de una palabra… **percepción**.

Una persona con una percepción abierta está dispuesta a absorber toda la información dada. Esto quiere decir, que no solo usa los proverbiales cinco sentidos; tacto, olfato, vista, gusto, y oído, sino también la mente, espíritu, e intuición. Abrir su percepción significa el ser receptivo a todas las cosas que vienen hacia uno y que lo rodean cada segundo de cada día.

La mayoría de las personas toma los cinco sentidos como "triviales"; por ejemplo, algunos se cierran a tan importante forma de percepción como la vista. Para personas invidentes, la vista, en su capacidad total, no está perdida del todo.

Está científicamente comprobado, que en personas que son invidentes, existe una sensibilidad avanzada en otros sentidos. La idea de que las personas invidentes han perdido su vista o visión, no es completamente correcta. No pueden experimentar color o luz de la misma forma que otras personas, pero ellos pueden "ver" elementos de formas que muchos otros no pueden debido a su percepción abierta. Las personas invidentes, no tienen la barrera que nos "engaña" como lo que está físicamente enfrente de nosotros. Ellos dependen de *todos* sus sentidos, incluyendo su mente, espíritu, e intuición, permitiéndoles "*sentir*" la vida.

La Percepción es algo poderosa y no se debe tomar tan a la ligera. Algunas personas ya saben esto. La percepción puede liberarle de su propia prisión, o ponerle en una prisión "agradable", también de su propio gusto. La Percepción puede ser usada en su contra, y hay que darse cuenta, que ésta es la llave más importante de todas. Abriendo las puertas de la percepción, no significa que caeremos víctimas, de algo o alguien. Significa tener la habilidad de decidir qué es lo que se quiere hacer en nuestra vida para seguir nuestro "verdadero" camino. No significa caer víctima de otros que han aprendido a manipular la percepción, ni que usted aprenda a manipularla para lo mismo.

Los "buenos manipuladores de la percepción," son personas que se han dedicado a ayudar a otros a obtener la misma apertura que ellos han experimentado. Una vez que haya experimentado la percepción abierta, obtendrá un sentimiento de verdadera satisfacción, un sentimiento que deja atrás la duda, el miedo, la incertidumbre y las preocupaciones.

Una vez que haya abierto su percepción, Usted empieza a entender los principios con los cuales, la vida como un todo, ha sido construida. Al abrir su percepción, "verá" el mundo de una manera diferente, y el primer paso es dejar de preguntar "¿Por qué?" Usted debe entender este concepto. Se debe de dejar de cuestionar todo. Debe de aceptar. Debe de dejarlo ir todo. Debe de darse por vencido. Debe ceder el control. Debe acumular toda su fuerza interna y decir "me someto." Cuando la estructura de una creencia se viene abajo, es mejor y más sabio terminar de destruirla, y empezar de la nada para construir un modelo mejor.

Cuando alguien se está ahogando, le da pánico, y entre más pánico, mas rápido se hundirá. No es hasta que se relaje, se suelte y se deje ir, que quizás sobrevivirá el incidente, y finalmente flotara y se irá hacia donde lo lleve la corriente. La vida es como el océano. Tenemos que soltarnos y dejarnos ir a donde nos lleve la corriente. Pero no es sino hasta que renuncie al control, que va a poder tener la experiencia de ésta paz.

Es curioso escuchar a la gente decir que la vida no les favorece porque las cosas no son como ellos quieren. Esta es una percepción. Entre más piense esta persona de ésta manera, mas se manifestara de este modo. Aunque ésta persona crea que las cosas están fuera de su control, es en realidad la persona la que está fuera de control. Tenemos el poder interno para moldear nuestro alrededor. Y aquí va una declaración que parecerá contradictoria… No es sino hasta que renuncie deseo del control, que le permitirá a su percepción el control de su alrededor.

EJERCICIO PARA ABRIR SU PERCEPCIÓN

Se le recomienda que trate de hacer éste ejercicio con más de una persona; pueden ser amigos, sus hijos, su pareja, o quién quiera que usted elija, hasta que lo pueda hacer Usted. Lea el ejercicio primero, visualícelo en su mente. Si lo hace en grupo, lea las instrucciones para todos.

Evite cualquier distracción. A muchas personas les gusta escuchar música para ayudarles a meditar o concentrarse, pero el propósito de éste ejercicio es de no distraerse o ser interrumpido por los sonidos. En su lugar, estaremos sintonizados con los sonidos de la vida a nuestro alrededor.

Siéntese o acuéstese, cómodamente, cierre los ojos; respire profundamente y exhale. Relájese, saque todas sus tensiones. Empiece de pies a cabeza. Relaje sus brazos, relaje sus dedos, relaje su cuello, y hombros. Respire profundamente y exhale.

Ahora, relaje sus piernas, tobillos y pies. Mantenga su espalda derecha, no se encorve. Incline la cabeza hacia atrás un poco. Respire profundamente y exhale. Concéntrese en los sonidos de vida que circulan dentro de Usted. Imagine a su corazón mandando sangre a todo su cuerpo. Imaginando su sangre corriendo por sus venas. Escuche ése ritmo hermoso del bombear al que se mueve su corazón. Escuche a su corazón latir. Sienta la energía que surge de su Ser. Úsela para recargarse (de energía).

Ahora sálgase de Usted mismo y escuche. Escuche los sonidos de la vida a su alrededor. Sienta las energías que le rodean. ¿Puede percibir en donde está su vecino? Ya sea una persona que esté sentada a su lado, o un animalito o mascota. Sin ver, ¿puede sentir y escuchar el ritmo del corazón de los demás, así como puede el propio? Despacio, regrésese dentro de sí mismo. Traiga a su energía con Usted. Respire profundamente. Relájese, suéltese y deje ir todas las tensiones. No tenga miedo. No cuestione los sentimientos experimentados. Respire profundamente y exhale. Abra sus ojos… ¿Cómo se siente? Coméntelo con el grupo. Compartan sus percepciones. Si lo ha hecho Usted sola(o), tome un tiempo para escribir sus experiencias en una libreta, diario o computadora.

Usted ha tomado el primer paso hacia la apertura de su percepción.

Les daré un ejemplo de mi propia experiencia y vida, donde yo misma tuve un momento de resistencia y miedo para abrir mis percepciones, me negaba a crear consciencia, así como generalmente nos atrapa la naturaleza humana. Yo era ciertamente una persona ignorante.

Esta historia empieza con una mujercita joven y brillante, la cual la gente decía que estaba destinada a ser y a hacer grandes cosas. Veía la vida con el vigor y el sentido de descubrimiento que solo un niño ve. Fui entrenada a pintar al oleo, a la tierna edad de 9 años, por una Pintora famosa en México, y me convertí en su asistente a cambio de mis clases. Durante mi aprendizaje, descubrí el mundo maravilloso de la expresión por medio de los colores. Esta experiencia me cambió, me enseñó que los colores estaban alrededor nuestro, y el privilegio de ponerlos en el lienzo, pintura, papel, u otro medio, se me otorgó a mí, y todos los pintores en el mundo. Me hizo entender que mi percepción sobre los colores, antes de esta experiencia, era hastiada e incompleta.

También fui introducida a la música cuando era niña, a la edad de cinco años. Comencé en un órgano eléctrico pequeño, donde se me daban las lecciones, teoría, y practica. En la escuela primaria fui introducida a un instrumento que nadie quería tocar, porque era incomodo y pesado, y requería un nivel "más alto" de amor por el oficio de músico. Este instrumento era el trombón. Acepte el desafío que me hizo mi director de la banda en ése entonces, y me aplique a estudiar mi instrumento como nadie más. Pronto seria cautivada por éste instrumento, al cual me dediqué de manera que subí a un nivel alto de destreza, a la edad de trece, que nadie creía ser posible en el corto tiempo de un año. Músicos que practicaban y tocaban éste instrumento de más tiempo no avanzaron tan rápido. Entonces algo fantástico me sucedió, me pidieron que fuera a una audición al grupo de All City High School Band (Banda de Secundarias de Toda la Ciudad), para tercera silla en la banda. Esta banda estaba compuesta de solamente los mejores músicos, de las mejores secundarias, de toda la ciudad. Pero esperen… ¡yo sólo estaba en la primaria (sexto grado)! "No importa," sé me dijo, solo preséntate a la audición.

Temprano un Sábado por la mañana fui al lugar de práctica que me dijeron, y cuando entré escuche, flotando sobre el aire, la más dulce melodía que pude haber escuchado en mi vida. Podía, literalmente cerrar mis ojos y ser transportada a un lugar maravilloso y lleno de paz. Pues con mi corazón latiendo a mil millas por hora, y con los ojos bien abiertos, continúe a pasar a donde se me designó. Cuando entré al cuarto, escuché escalas musicales que se estaban tocando con tanta precisión y rapidez que se me hacía difícil tragar mi saliva. Vi a los otros tomando su audición y tocando sus instrumentos con tanta confianza, energía, y pasión, que me hizo sentirme simple y pequeña. Me desinfló el ánimo que me dio al entrar, sabiendo que me invitaron a que viniera. Rapidito agarré mi instrumento y me puse a prepararme para mi turno. Al mismo tiempo me puse a orar para no hacer el ridículo.

Cuando toco mí turno, vi al director de la banda de mi escuela primaria, junto al director de la banda de la ciudad, y junto al director de las audiciones. Se hablaban en voz baja entre ellos y de vez en cuando me volteaban a ver. Nervios, no es la palabra para describir mis sentimientos en ese momento. Con mi corazón latiendo tan fuerte, que sentía que se me salía del pecho, me llamaron que entrara al cuarto de la audición, y un director muy bien vestido, que era tan alto que mi cuello me dolía de doblarlo tanto, me dijo al entrar, "¿Así que tú eres el caso especial del que todos están hablando?" A esto, ¿Qué se responde? El miedo me entro por completo, por falta de autoestima y confianza que no fuera, en ningún nivel cercano, al de cualquiera de los músicos antes de mí. Congelada, en esta experiencia sur real, éste director me dijo de nuevo, después de poner su mano sobre mi hombro tenso, "Relájate, y solo toca de tu corazón. Olvida que estamos aquí, y toca."

Había preparado una pieza de música de Bach que practiqué por horas y horas antes, pero en ese momento me paralicé. Me pidieron que tocara unas escalas musicales para calentamiento. Despacio agarré mi instrumento para comenzar a tocar, y de repente se me olvidó que había alguien más conmigo en el cuarto. Después de empezar a tocar la música que preparé, me envolví tanto en el arreglo de música que tocaba, que le di a las notas todo el amor que tenía yo dentro. Fui envuelta por las notas y la mágica melodía que tocaba bailaba en el aire a mí alrededor. Al final de mi pieza, hubo un silencio, mientras a la última nota se la llevaba el viento. Y a cuando se acabó, abrí mis ojos, encontrando a los directores con los ojos cerrados también. Recibí un gran aplauso y en ese momento me sentí "consciente."

Sin importar mi edad, o mi grado, una excepción enorme se hizo, y me aceptaron a la banda de la ciudad cuando estaba solo en sexto grado. Por medio de mi viaje con esta banda, toqué del centro de mi corazón, cada vez más y más intensamente, y a medida que me sometía, la experiencia se convirtió en algo que transcendió más allá del tiempo y el espacio.

Fui rodeada de hermosos colores, y sonidos que al cerrar mis ojos también se convirtieron en colores que bailaban en mi mente. Al continuar dentro de ese mundo de música, recibí el privilegio de poder tocar en el prestigioso "Orchestra Hall" de Chicago, donde es el hogar permanente de la Orquesta Sinfónica de Chicago, muy prestigiosa también, donde para mí, fue la culminación de un sueño muy grande de cuando era niña.

Finalmente, permití que mi percepción fuera abierta, y rendí mi voluntad al camino que yo escogí. Solo entonces sentí esa "conexión" con todo, y vi al mundo bajo una luz diferente.

Me sentí LIBRE.

TOMANDO CONCIENCIA

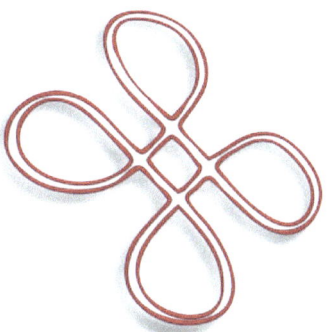

Asegúrese de que ha completado el ejercicio al final del capítulo anterior. Debe experimentar la sensación de libertad que le ofrece el ejercicio para poder pasar tomar consciencia.

Abrir su percepción, por primera vez, podría dejarle con un sentimiento de logro. Algunos dicen que los marea, porque la experiencia es tan intensa. De cualquier modo, una vez que abra los ojos y complete el ejercicio, Usted nunca verá la vida de la misma manera otra vez.

Una vez que abra su percepción, es como despertar de un sueño. El proceso no es inmediato, pero los resultados sí lo son. La ruta de acceso a la toma de consciencia es a través de abrir su percepción, ver las cosas como son. Todo esto, quiero que sepa no requiere ningún cambio en sus creencias. De hecho, permitirá que cualquier persona pueda seguir el camino que ha elegido con mayor vigor y consciencia.

La Toma de Consciencia es el paso final en la apertura de su percepción. Aquellos que se concienticen verdaderamente, les permitirá decidir y convertirse en control de sus intenciones, camino y vida. Como comúnmente se dice; "La ignorancia es la gloria". A menudo se anhelan ilusiones, falsos placeres. Olvídese de ser alguien realmente importante, o de ser famoso y rico en un mundo de completa ilusión. Esta versión falsa es un recorrido fácil. Significado real y virtud toman mucho esfuerzo.

¿Alguna vez sintió que algo estaba destinado a suceder? ¿Cree que está en control total? No existen las coincidencias, no hay eventos al azar, ni acontecimientos casuales. Cada evento de su vida es exactamente lo que Usted ha querido que sea, parte de su programa personalizado para completar su misión en su vida.

El tapiz de la historia mundial se desarrolla, todo de acuerdo a un plan, sin embargo Usted tiene total libertad para elegir cómo reaccionar. Hay eventos que van a pasar. La historia tiene una ruta. Su vida tiene una ruta, y Usted decide si la reconoce y permite que ocurra, de acuerdo a su voluntad. Si Usted aprovecha el momento, encontrará ese papel único que le espera. La Antigua tradición nos enseña que el mundo entero fue creado *para usted*. Todo el mundo fue creado *en usted*.

Todo el mundo es un escenario, y Usted tiene el papel protagonista de la obra... Es real.

Está en su propio mundo, diseñado por Usted, con todo lo necesario para que Usted mismo lo perfeccione, y eso, a su vez, hará que todo el universo se alinee.

Usted es el importante. Hay muchos "extras" en el estudio, por lo que no existe lugar para un viaje de egoísmo. Habrá muchas situaciones que lo llevarán hasta el límite y revelarán en Usted todo un espectro de cualidades.

Existe una diferencia entre saber la ruta y caminar la ruta. Los cientos de miles de momentos asignados a Usted en éste planeta son preciosos. Al momento de nacer, recibió el regalo del olvido, por lo que podría volver ha aprender todo nuevamente con interés y maravilla. Tuvo que aprender a caminar, a hablar, a pensar y a cuestionar. Ahora se encuentra en el borde, despierta(o) al fin, haciendo las preguntas correctas, impulsada(o) por el núcleo de su alma.

Recuerde: No existen las coincidencias. Todo sucede por alguna razón. Todo ocurre como reacción directa por alguna acción, determinada por Usted o por otra persona. Encuentre su ruta, fuerza, percepción y consciencia. Esto hará que las cosas sucedan.

Después de leer todo lo anterior, a muchas personas les da miedo. El miedo proviene del factor humano de pánico que discutimos anteriormente. La gente teme lo que no entiende y permanece dentro de sus propios niveles de comodidad. Es la misma razón, por ejemplo, por la cual el amor perdido entre parejas, sea ignorado por la comodidad de la costumbre. Acostumbrarse, es uno de el más humano de todos los instintos, pero también es el más perjudicial. El comportamiento humano de la pre-disposición es algo extraño por la misma razón. Piense en personas que viven al borde de un volcán activo; Después de que el volcán causa un desastre, las personas huyen pero después regresan al lugar. Reconstruyen todo, siguen y esperan hasta el próximo desastre. ¿Por qué? Porque la gente está acostumbrada a estar allí. Han alcanzado un nivel de comodidad. Tienen miedo de lo que podría ocurrir si se trasladan a un lugar extraño, después de generaciones de tradición. No han abierto su percepción, ni tomado consciencia. No han experimentado lo que la vida tiene que ofrecer. Ellos simplemente permiten ser influenciados por las reacciones de las acciones de otros.

La toma de consciencia es poder. Todos los grandes líderes han emprendido el camino hacia la apertura de sus percepciones. Ven cosas que otros no ven. Por eso son líderes, porque están tratando de mostrar a otros la visión, la ruta de la apertura de percepción. Cada vez que está en una Conferencia, un seminario o una clase, está intentando abrir su percepción. Cada vez que le pasa algo, la razón por la cual se pregunta "por qué?" no tiene sentido, es porque la vida está tratando de abrirle su percepción. Si uno piensa al respecto, vamos sobre la vida con vendas, que nos impiden ver las señales. Los cambios sutiles, los incidentes, y a veces, en nuestras mentes, las coincidencias, apuntan hacia nuestra vida. Las ignoramos y nos burlamos. Así que, por lo tanto, no es culpa de la vida que nos pasen cosas malas, sino nuestra propia culpa.

Sólo por leer este capítulo y realizar el ejercicio en el capítulo anterior, Usted se adentra en el camino hacia la toma de consciencia. Esto no sucederá de un día para otro, ni tampoco tardará años, a menos que decida seguir con la venda en los ojos. Deje de decir; *no, no puedo y ¿por qué?* Sólo viva la vida, experimente, sienta, vea, disfrute, comparta, ayude, regale, enseñe, ame y sane. Al tomar consciencia trascenderá las fronteras que una vez parecían imposibles de cruzar. A fin de tomar consciencia, debe abrir sus percepciones y aceptar **todo** como venga, retroceda la ola de distracciones y forme su futuro de la manera que Usted desee. **Todo,** significa lo bueno y lo malo, pues sin uno, no existiría lo otro.

Para citar a Deepak Chopra, "no estás en el mundo, el mundo está en TI". Deje de esperar oportunidades. Si no hay ninguna, créalas. Usted es el creador de su propia vida, su propio camino y sus propias consecuencias. Muchas personas a menudo malinterpretan el sabio dicho, "Aprovechar la corriente," ya qué piensan que significa dejar pasar la vida de largo, perder el sentido de su entorno, para "desconectarse". No es extraño que éstas personas no puedan encontrar la paz que buscan, ya que éste dicho significa todo lo contrario.

Aprovechar la corriente implica que tenemos que dejar ir el control que tan desesperadamente buscamos en nuestras vidas. Significa que nos damos constantemente por vencidos, haciendo o buscando excusas y obstáculos y en su lugar elegimos ver oportunidades y tomar decisiones. Elegimos sintonizar en lugar de ignorarlas, y el hacer esto, nos vuelve a conectar con nuestro entorno. Experimentamos que ésa puesta de sol en la ciudad, no es como en el campo abierto. Nos detenemos a apreciar a la gente que nos rodea. Prestamos atención a los detalles, a menudo ignorados. Olores y sonidos son más reales; los colores obtienen un efecto más vívido. Esto sucede cuando verdaderamente empezamos a *ver*.

Cuando hacemos excusas y razones, nos aislamos y limitamos. Nos detenemos a nosotros mismos. La verdadera belleza de experimentar la vida de esta manera, de una manera en la que todo parece nuevo — es que es algo hermoso. Cuando elige ver el mundo de esta manera, sin juzgarlo, cada vez que observa, se descubre algo nuevo.

La toma de conciencia significa ser capaz de ver más allá de un futuro inmediato y dar, para uno mismo, un salto (hacia adelante) en la vida. Deberíamos poder confiar en nosotros mismos incondicionalmente y dar ese salto con los ojos cerrados. Tal vez lo hizo en algún momento, pero ya no. Eso es lo que busca. El tomar conciencia significa que debe confiar en sí mismo. Crea que las respuestas que busca están dentro de Usted, aunque no lo vea inmediatamente. Confíe que con el tiempo, como lo vayamos necesitando saber, las respuestas que busca, vendrán a uno. El tomar consciencia demuestra que comprende este compromiso. Acepte, que Usted entiende, que no todo puede ser como desea todo el tiempo. Pero que siempre, todo puede ser, como debe ser.

Parece una declaración contradictoria, pero si se piensa, no es así. La razón principal de nuestra decepción, estrés o ansiedad viene del hecho de que queremos que las cosas sean a nuestra manera, ahora y siempre. Hay un hecho divertido sobre éste plan, fraguado hecho por nosotros mismos ya "esperando que algo o alguien venga a perjudicar," "seguro que te fallará." Entendemos que no todo nos sale como queremos, sin embargo, cuando no logramos algo, nos sentimos así. ¿Ve el mal funcionamiento en este plan? Nos subestimamos para fallar intencionalmente.

¿Por qué no aspirar al éxito cuando llega? ¿Por qué no inspirarse en buscar el éxito y al mismo tiempo apreciar y aceptar el fracaso de las lecciones aprendidas? Podemos optar por no estar molestos cuando no obtenemos lo que nuestro corazoncito caprichoso quería. Este es el significado del dicho, "lo que será, será". Este salto en la vida, significa que aceptamos, que es imposible que las cosas siempre salgan como queremos. Cuando es así, debemos apreciarlo tanto como cuando no lo es. Cuando podamos aprender el ver las lecciones de nuestros fracasos, podemos aceptar que las cosas sucedan como deben, independientemente de cómo nos hace sentir.

La clave para la toma de consciencia y el de aprovechar la corriente es entender la oportunidad en estas situaciones y declaraciones. Sepa que Usted tiene un propósito, aunque no sienta la seguridad de lo que es. Comprender que Usted tiene el poder de formar su propia realidad con la apertura de su percepción. Creer en uno mismo que las respuestas que busca están dentro de Usted. Dese crédito (felicítese), respire profundamente, abróchese el cinturón y disfrute el viaje!

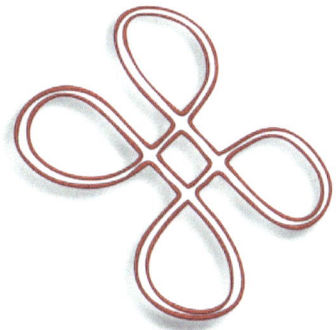

LECCIONES DE VIDA

Muchas de las experiencias y anécdotas que comparto aquí de mi vida, las he decidido compartir sobre mi viaje y algunos de los momentos más obscuros de mi vida. Como soy el ejemplo perfecto de cómo uno puede volver a la vida, incluso después de renunciar a toda esperanza. Todo lo que ha leído hasta ahora no tiene que coincidir totalmente con su propia experiencia; Si no tomó clases de pintura o lecciones de música, puede experimentar el mismo sentido de admiración o de percepción abierta.

Estos momentos que comparto con ustedes, son ejemplos de lo sencillo que resulta soltarse y dejarse ir, y una vez hecho esto, finalmente puede tomar control y experimentar las maravillas de la vida. Cada quién tiene diferentes deseos, o caminos: sólo hay que seguirlos. No teman, como lo hice yo en la historia que les voy a compartir, sobre la capacidad de sobrevivir. El cambio está dentro de todos nosotros, y las cosas que nos suceden como resultado de nuestras propias decisiones, no significa que no puede despertar y tomar el mando una vez que se da cuenta de lo que pasa.

    Como vaya leyendo acerca de mis decisiones, espero verá paralelos en sus propias decisiones. Recuerde que como seres humanos poseemos libre albedrío y somos libres de imponer su cumplimiento. Sin embargo, es hacerlo con una percepción abierta y toma de consciencia que nos cambia a nosotros, nuestro entorno y nuestras acciones. Las reacciones que siguen sólo pueden tener las riquezas que buscan, que es ser despertado espiritualmente y tomar el mando.

OTRA PIEZA DE MI HISTORIA
La tragedia de vivir con las vendas puestas:

A los quince años, parecía que "lo tenía todo", y estaba a la altura de lo que pensaba sería el camino de mi vida. Me presentaron a un pretendiente. Encantada con talentos musicales y mutua inteligencia, pasábamos horas hablando de música, arte, la vida, y filosofía. Me casé con esta persona a una edad muy temprana y me embarque en un camino traicionero que cambió mi vida para siempre.

    Todo comenzó muy simple: tuve mi primer hijo a la edad de diez y ocho años. Estaba llena de alegría y sentí que era la chica más afortunada y más bendita en el mundo. Las bendiciones pronto se convirtieron en sentimientos de arrepentimiento. Con mis crecientes responsabilidades como nueva madre, dejé de tocar música y también dejé atrás otras cosas que amaba. La pintura aún honrando mi vida, y a través de este medio, tenía cierta libertad de expresión, aunque sentí que estaba perdiendo el control de mi vida. Mi nueva vida en esta relación me dejó sintiendo una sensación de vacío, ya que me sentía que me había convertido en un "trofeo" (de mi marido) con título de propiedad y mostrado con orgullo.

Quedé fuera de contacto con mis amigos y mi familia, pues como me dijeron, mis prioridades debían ser mi "nueva" familia. Me dijeron que me aplicara a nuestro nuevo negocio y olvidara las prácticas infantiles. Como había puesto más cosas en la canasta, incluyendo el nacimiento de mi hija a los diez y nueve años, me sentí más acorralada. Fue entonces, en un muy mal momento que perdí contacto con más miembros de la familia, incluyendo mi madre y mi padre.

En mi hogar, me estaban constantemente denigrando emocionalmente y regañando por nada menos que la perfección. Me había graduado con honores, asistí a una Academia de Matemáticas y Ciencias, recibí un titulo de administración de empresas durante mis años veintes. Sin embargo, mi actuación como mujer, madre y empresaria, nunca era suficiente.

Es cierto, lo que dicen, que algunas personas funcionan mejor bajo presión, porque tomé los acumulados insultos y rechazos como parte para alcanzar la grandeza. A medida que pasaban los años, nuestro negocio se convirtió muy exitoso y lucrativo. Para la mayoría de la gente, el hacer tanto dinero a tan temprana edad traería un sentido de logro, pero aún así, algo faltaba. Aunque estaba feliz con mi trabajo y sí tenía una sensación de éxito, siempre estaba triste. En el hogar, el abuso emocional era continuo, pero me hacía de la "vista gorda." "Caminaba sobre cascarones de huevo, cuidadosamente" todo el tiempo. Aprendí a evitar palabras o situaciones que le molestaban a mi contraparte. A medida que se mezclaron drogas y alcohol, las cosas se pusieron peores. Empezó a abofetearme, aventarme y empujarme por bajo rendimiento en el trabajo y me amenazó, a "producir más".

¿Qué le había ocurrido a la joven mujer brillante y libre que una vez vivió la vida con fervor? ¿Qué era lo que se suponía debía hacer a continuación? ¿Eran el dinero y el éxito todo lo que existía en la vida? ¿Era la compra de un automóvil nuevo y ropa de lujo la culminación de mi camino? ¿Estaba condenada a vivir esta vida de tristeza y aislamiento a cambio de bienes materiales? ¿Tenía que sacrificar la felicidad de mis hijos? Mis hijos eran mi único consuelo y alegría, y por ellos, yo estaba dispuesta a pagar un alto precio.

Después de más de siete años de agresiones físicas, verbales y emocionales; siempre seguidos por flores, regalos, joyería y promesas que nunca se repetiría el abuso, decidí que ésta era la vida que me tocaba vivir. Las consecuencias que sufrí, compraron la seguridad de mis hijos. Había sufrido una fractura de nariz, una mandíbula dislocada, y numerosos otros golpes, moretones y contusiones.

La culminación de la violencia doméstica fue un argumento que se convirtió en una pelea y que terminó en mi persona siendo levantada unos dos pies del suelo, mientras estaba siendo estrangulada. Este evento me dejaría paralítica y cambiada para siempre.

En un tiempo, pensé que sería mi perdición, pero resultó ser, qué el sobrevivir este ataque fue mi fuerza, me dio valor y propósito. La vida, la experiencia, y la superación eran ahora las mejores partes de mi, y así comenzó mi camino en la vida.

La historia de cómo llegue a estar paralítica y como lo superé es una historia en sí misma, la que un día compartiré en otro libro. Sin embargo, porque el sentido completo de mi estado emocional es necesario aquí, y a fin de entender los sentimientos que deseo describir, comparto una buena parte de esta historia. Los acontecimientos parecían ser sólo un mal sueño a medida que perdía la conciencia, y todo se nubló y desapareció…

En un día caliente y pegajoso en Nueva Orleans (antes del huracán Catrina), desperté y miré a mi alrededor. Estaba en estado de shock total cuando vi que me encontraba en una sala que parecía salir de la década de los 1940. Había muchas camas en la habitación, separadas sólo por divisores móviles. Cuando terminé de ver la habitación desde mi línea de vista, me di cuenta de que un médico se encontraba en el borde de mi cama, estudiando mi caso, como tratando de entender un rompecabezas.

Empecé a conversar con él, me acordé de las palabras de mi atacante, "apégate a la historieta." Esto significaba que si decidía decir la verdad de los acontecimientos, mis consecuencias serían peores. En mi mente, decir la verdad terminaría con mi atacante en la cárcel, pero también me hubiera dejado sola, sin poder pedirle ayuda a nadie, y sin manera de cuidar de mis hijos mientras yo permaneciera paralítica. ¿Qué hacer? Elegí mentir. Decidí decir que "tropecé sobre algunas maletas en mi habitación del hotel y me di un golpe en la parte trasera de la cabeza sobre la mesa". El médico no estaba comprando lo que yo le estaba vendiendo. Me dijo que las marcas de ligadura en mi cuello, sugerían que yo había sido estrangulada y la fuerza que se usó casi había roto mi médula espinal. El resultado fue una médula espinal gravemente golpeada, inflamada, y con una contusión. Me dijo que estaban inyectando esteroides para reducir la inflamación, pero que no había ninguna garantía de que esto aliviara la situación. De ése día en adelante, la curación dependería de mi cuerpo. No era muy probable que pudiera caminar de nuevo. Qué fuerte fue escuchar eso. En ése momento, era difícil comprender el sentido de esas palabras; parecían flotar pasándome de largo mientras me perdía en mis pensamientos y especulaciones sobre mi futuro. Su voz parecía alejarse hasta convertirse en casi un eco, lejos, muy lejos.

Fue entonces, cuando me di cuenta de que no podía mover nada del cuello hacia abajo. Había ignorado la sensación, o más bien la falta de sensación, mientras escuchaba al médico. ¿Cómo podría sobrevivir ahora? ¿Cómo podría cuidar a mis hijos? ¿Si me curaba, esto volvería a ocurrir? ¿Sanaría? ¿Cuál fue mi error? Mientras el doctor se alejaba, cerré los ojos y dejé escapar un gran suspiro.

¿Por qué me está pasando esto a mí?

SOMETIENDOSE

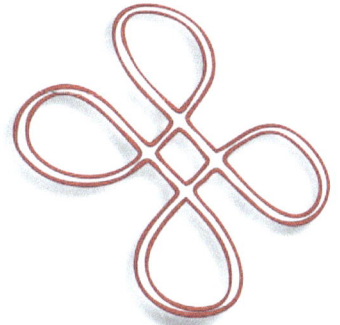

Después de leer la tragedia, que le sucede a quienes viven con vendas, como lo hice yo, parece contradecir a la razón. La escalada de violencia en mi vida sentó las bases para una futura secuencia de eventos. Como estaban sucediendo las cosas, estaba tan metida en el temor de perder el nivel financiero y público que perdí de vista mi camino y mis objetivos. Tuve que llegar al fondo primero, para hacerme consciente de que necesitaba abandonar ésa locura y dejarla atrás, quitarme los grilletes y avanzar en la vida.

Existen algunas creencias espirituales que afirman que todos los caminos conducen a nuestro destino. Yo me encontraba en una encrucijada, una bifurcación en el camino, un punto crucial. Necesitaba aceptar y tomar la decisión de someterme. Dejar de preguntar ¿por qué? y vivir con tanto pesar. Dejar de culpar y empezar a aceptar. Dejar de pelear las razones y relajarme, dejarme llevar por la corriente, a donde me lleve, como lo hice, Usted también debe hacer y sólo "Someterse."

Tenía que llegar a aceptar el hecho de que no volvería a caminar nuevamente. Tenía que depender de enfermeras y, lo peor de todo, mi ogro me tenía que alimentar y cuidar de mí. Pasé mi cumpleaños en una cama de un hospital, rodeada de otros, también atrapados en sus propias consecuencias como resultado de sus propias elecciones. Allí, tendida en desesperación, decepcionada de que yo misma me había fallado, abrí los ojos y vi a un sacerdote. El era alto y calmado, vino a mí con tanta fe y buena voluntad en su cara que no me sentí amenazada. Preguntó si yo era religiosa. Le dije que creía que todo pasaba por alguna razón, aunque ahora yo ya sabía el significado de eso. Estaba en el punto de aceptación. Me preguntó si quería rezar con él y mientras lo hacía, y colocó su mano sobre mi brazo, el cual pude ver, pero no sentir. Me sentí, entrar en un profundo y relajado sueño.

Vi un abismo blanco, blanco por todas partes. Vi a mi abuelito, recientemente fallecido, quién siempre había sido un pilar de fuerza en mi vida. Caminé hacia él, y abrazándome, sonrió. Este abrazo parecía durar para siempre, y estaba envuelto por un amor que, hasta entonces, sólo sentía al abrazar a mis hijos. El amor y la luz, fue tan incondicional que llegó a todas las fibras de mí ser.

Después de ésta experiencia, me di cuenta de que había estado viendo a la vida equivocadamente. Veía el "vaso de agua" medio vacío en lugar de verlo medio lleno. No me había dado cuenta de qué suerte tenía de estar viva aún. El hecho de que existía una remota posibilidad, sin importar que tan pequeña, de que pudiera recuperar el movimiento, era mejor que ninguna posibilidad. La mirada en el rostro del sacerdote, de cómo se me acercó a ofrecer consuelo fue una epifanía; Me quedé sin aliento por los momentos de luz y amor que viví cuando cerré mis ojos, y el recuerdo de ése momento me transporta allí al instante. No era todo tan malo como pensaba.

Conforme pasaron los días, meses y años, progresaba lentamente de mover un dedo, a poder mover la parte superior del cuerpo. Eventualmente, he recuperado mi movimiento de piernas y ahora estoy caminando otra vez. Aunque mis heridas jamás sanaran del todo y jamás mi físico será lo que pudo haber sido sin esas lesiones.

¿Fue esta experiencia para enseñarme que no vemos los dones que se nos han dado, tales como la vida misma, hasta que nos los quitan?

La verdad es… que estoy viva, y que esto debería ser suficiente. Esta experiencia me cambió e impactó mi vida de tal manera tan profunda que me sentí obligada a recuperarme, para regresar al camino que una vez caminé y para completar los objetivos de mi vida. Aunque siguieron después muchos meses dolorosos y terapia física vigorosa, una vez que regresé a mi hogar, estaba decidida a permitirme sanar, no sólo físicamente, sino emocional y espiritualmente, hasta recuperarme por completo.

El dolor físico que venía con mi recuperación era inimaginable, pero independientemente de lo que ocurría, me movía hacia delante. Estaba frente a una vida llena de un dolor constante. Recibía inyecciones en mi espalda cada tres semanas para evitar espasmos en los músculos. Traté acupuntura y cualquier otro tratamiento disponible integral y experimental.

Casi dos años después, toda la lucha dio sus frutos, cuando conseguí ganarle a las probabilidades. Nunca perdí la esperanza de que valía la pena el esfuerzo. Tuve confianza en mí misma. Mi plan era hacerme cargo y hacer que mi vida funcionara para mí. En alguna ocasión el "someterme" me parecía una mala idea, pero eventualmente aprendí que fue la mejor decisión de mi vida.

No nos engañemos, yo no estaba renunciando, me sometí al hecho de que yo estaba deshabilitada, o con habilidades diferentes y que seguí adelante en lugar de quedarme atrapada en el momento. Me sometí al hecho de que no podía controlar la velocidad, o la misma recuperación. Dejé la mentalidad de que los comentarios de otras personas importaban más que la mía propia. Recordé por qué había dejado hasta las actividades que me hacían sentir viva y libre. Mi percepción se abrió y me di cuenta de lo mucho que había perdido, me sentí como si un velo se hubiera levantado y vi la vida bajo una luz diferente.

Reflexioné sobre las experiencias de mi pasado y empecé a trazar mi futuro. Era todo tan irreal, de la manera en que se levantó el peso de mis hombros. Crecí toda mi vida con la idea de ser exitosa, darse por vencida o perder no eran buenas opciones. Decirle a una persona así que "tienes que dejar el control a fin de ganarlo" suena como un montón de palabras sin sentido. Cuando primero lo pensé, tuve que comprobarme a mí misma que no había perdido ningún tornillo. Tenía sentido en mi cabeza, pero lógicamente no tenía ningún sentido.

El significado de ésta declaración se aclaró para mí en el relato que se describe en este capítulo. Para Usted, puede ser otra situación, o conjunto de situaciones o momentos. En mis talleres y seminarios, escucho historias de la gente que me hacen sentir con más suerte que nunca. Me siento inspirada por la valentía y determinación de otras personas, y que a su vez han dicho lo mismo de mí. Al final, nuestras vidas dependen de nosotros mismos. Son lo que hacemos de ellas. Es nuestra propia interpretación la que importa. Esa es la verdad absoluta.

Someterse, es el acto de bajar sus barreras y darle la bienvenida a la confianza y la sabiduría. Es la percepción de nuevos momentos ahora vistos bajo plena luz. Otra frase aparentemente contradictoria, es el hecho, de que al no controlar nada, se controla todo. Esto da paso a la paz interior que deseamos. Constantemente realizamos la carrera como gallinas sin cabeza que llamamos vida, de prisa todo el tiempo, como el conejo blanco de *Alicia en el País de las Maravillas*, gritando, " se me hace tarde! se me hace tarde! se me hace tarde"! ¿Usted se ha puesto a pensar por qué es que se le hace tarde?

Nunca sabemos hasta donde nos enterramos hasta que es casi demasiado tarde, pero ahí está la clave de este enigma. Casi demasiado tarde es mejor que nunca. Para aquellos de nosotros cuyos eventos de vida parece han pasado todo plazo razonable para su reparación, nunca es demasiado tarde. Sabiendo que sus intenciones se alinean con los deseos de su corazón y sus acciones le dan la valentía y la determinación para realizar estas ideas. Usted crea su propia realidad y cumple sus deseos. De repente el "*que será, será*" tiene un significado totalmente nuevo, y las cosas empiezan a tener más sentido.

Practique éstas acciones en su propia vida. Cambie su percepción y tome consciencia. Sométase y siga el camino que usted elija, el que más le llame la atención. Encuentre la pasión que fluya por sus venas. Si aún la está buscando, tome desafíos con las más experiencias como le sean posibles. Vaya de voluntario, trabaje de interno, o se puede dedicar a una buena causa. Estas son buenas maneras de observar a otros que son buenos en lo que saben hacer y experimentar lo que apasiona a otras personas. Utilice su tiempo para una búsqueda interna. Vea hacia atrás. Dicen que la retrospectiva es como tener visión 20-20: al ver hacia atrás, vemos cosas que no vimos antes.

Siempre hay momentos en la vida que apuntan a quién será y la ruta que seguirá. A menudo las personas no ven hacia atrás hasta que obtienen algunos de sus objetivos, ¿pero qué si tuviéramos que utilizar ese mismo proceso para encontrar nuestro plan para el futuro? Por ejemplo, cuando era niña, juntaba a mis primos, jóvenes y mayores, los mandaba sentarse y escuchar mientras les enseñaba alguna lección. Solían llamarme "La Maestra Dolly." Hoy, en mis talleres y seminarios, todavía estoy invitando a las personas que se sienten y escuchen para que pueda enseñarles algo.

En el fondo, siempre hemos sabido lo que queremos de la vida desde muy temprana edad. Decimos "Quiero ser astronauta" o "Quiero ser Presidente". Incluso nosotros mismos podemos visualizarnos así. Esa es la belleza de la infancia: No estamos obstaculizados por una abrumadora cantidad de opciones o estimulaciones. Nuestra imaginación puede correr libre y podemos soñar. Fue así para mí. ¿Cuándo perdemos esto? - la habilidad de ver nuestros objetivos co el ojo de nuestra mente. Como curiosidad, cada vez que hablo con la gente, les pregunto que cuáles son sus metas y sus sueños. Ha sido mi experiencia, que alrededor del ochenta por ciento de la gente con la que hablé, están de acuerdo y recuerdan el haber perdido esto. Pero después, salió un dato curioso de éstas estadísticas. Noté que más de la mitad, de la misma gente con la que hablé, tenía que ser llevada de regreso a su infancia y preguntarles detalles muy concretos con el fin de recordar.

Este curioso comportamiento viene de tener nuestros deseos tan lejos, bajo candado con llave en nuestro subconsciente, que nosotros mismos hacemos olvidar. Somos nuestros propios prisioneros. Nos retrasamos y detenemos nuestro potencial. ¿Limitamos nuestras ambiciones por lo que nos sentimos seguros o realistas, ¿pero qué es estar seguro? ¿qué es ser realista?

¿No es todo cuestión de cómo Usted lo perciba?

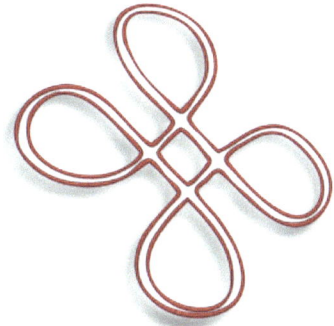

ACEPTANDO EL PASADO

Aunque han pasado muchas cosas abominables, traumáticas y dolorosas en mi pasado, decidí adoptar la percepción abierta, que así como estos eventos me habían rodeado y tal vez definido mi presente, nada podría definir mi futuro, más que mis propias decisiones.

En su lugar, decidí captar las sonrisas, el amor, las lágrimas de alegría *y* mis victorias, y traté de entender. Lo que hacemos, tiene consecuencias y las elecciones que hacemos nos llevarán a donde tenemos que ir. He dejado todo ése dolor y una vida de abuso detrás, y he tomado la decisión de avanzar y encontrar consuelo en aceptar mi pasado, como lo que es - pasado.

En principio, no podía hablar sobre mi abuso físico sin revivirlo. Yo me transportaba mentalmente a ese tiempo y lugar. Con cada palabra, sentía todo el dolor de nuevo.

Es más fácil suprimir, ignorar y evitar lo que llaman una "herida abierta," pero sí he aprendido algo en mis años de supervivencia, es que hablar de ello ayuda tremendamente. Encontré una cierta paz estar en el estar en una habitación con otras personas que han pasado por problemas similares. No importa si se trata de alcohólicos anónimos, narcóticos anónimos, un grupo de sobrevivientes de cáncer o de violencia doméstica, o grupos de enfoque de conciliación, o de dolor - esto si ayuda, sana la mente, y fortalece su espíritu!

Sabiendo que otro individuo ha experimentado una situación similar, nos hace sentir más humanos. Nos trae una realidad llena de luz al final del túnel. El sólo asistir a un evento o reunión ya es una victoria, considerando que a muchas personas les toma toda su vida el tener la valentía de ir y aún así a veces no pueden ni participar. ¿Por qué? Ignorancia, vergüenza, timidez, miedo, Usted elija. Todos son conceptos erróneos y cárceles construidas por nosotros.

Me tomó un año, una larga y cansada corrida, y muchas evasiones y escondites, para poder adquirir la confianza para asistir a una reunión para víctimas de violencia doméstica. Cuando finalmente lo hice, fue algo como intentar tratar de curarse de una enfermedad a uno mismo; Es como cuando va a ver a un médico y al conocer sus opciones para la curación, se siente mucho mejor. Esto es un ejemplo de la declaración, "no tenemos a nada que temer más que al temor mismo." Construimos nuestras propias paredes y obstáculos como si fuera una reacción natural y sin darnos cuenta.

Tenía miedo de tener que contar mi historia, sobre todo a gente extraña, pero al escuchar a los demás en el grupo, incluso cuando decides mantener tu silencio, fue que me di cuenta que estaba bien el no ser perfecto. ¿Por qué estaba tan avergonzada? ¿A quién es que tengo tanto miedo de decepcionar? Las preguntas me aterrorizaban, pero a medida que empecé a hacerles frente, el hielo de mi temor empezó a derretirse a mi alrededor y empecé a ver hacia mi interior.

La primera vez que hablas en voz alta, siempre es difícil. Es como una despedida, sabiendo que se trata de la última vez que ésta historia tendrá efecto en uno mismo. Al Platicar, compartir y escuchar la historia de cada asistente, hará que cada vez duela menos y menos. Esto es, en esencia, el núcleo de la condición humana: el acto de cuidarnos. La gente con la que está uno ahí, están porque les importa. A medida que Usted mismo permita el levantar las persianas de su visión y absorber esos momentos, usted siente la humanidad en la habitación. Siente lo que es respirar y estar vivo. Permitirle a otros tocar su vida a través de las experiencias de cada uno de ellos, es compartir y vivir.

Al rendirse a la verdad del pasado, libera su espíritu y le permite volar y mostrarle el camino. He sido inspirada al compartir y aprender de tantas personas, y he aprendido que todos los caminos conducen a su camino original. Desprendiéndose de la vergüenza de su pasado le permite avanzar, sintiéndose más ligero. El pasado no se borra, todo lo que hemos dicho y hecho nos puede alcanzar un día, pero debemos aceptarlo y confrontarlo de una forma u otra. Confrontando las cosas a las que tememos más, nos lleva a dar saltos cuánticos hacia adelante en nuestra jornada.

Cuando tenía nueve años, mi abuelita me dijo que el miedo era solo un concepto, que la gente usaba para controlar a otros. Me dijo, "el miedo es una mentira. No existe." Recuerdo haber pensado que hasta estaba media "fuera de sus cabales", y sentí que todo mi mundo se vino abajo, todo lo que pensaba y sabía, cambió repentinamente.

Mi abuelita tenía razón. El miedo es una ilusión que hemos creado para la fabricación de la seguridad en nuestra mente. Es verdaderamente "mente sobre materia," porque no hay ninguna prueba de que el miedo nos dé más seguridad. Usted juzgue. Hay una gran diferencia entre prevención y terror.

Las personas pueden sufrir de muchos tipos diferentes de temores, algunos más graves que otros. Algunos somos capaces de pasarlo por alto, y otros nos pasamos la vida tratando de evitarlo, ¿o no? ¿Atacamos el síntoma o la causa? ¿Por qué tenemos tanto miedo? Tal vez porque no podemos encontrar respuestas o porque no entendemos nuestras respuestas. Tal vez tenemos miedo porque no podemos controlar lo que ocurre, y los resultados son desconocidos.

El miedo es subjetivo, y al lograr una perspectiva más amplia y una percepción abierta, se disuelve. Compruébelo. Derribe las cosas, situaciones o momentos que lo mantienen encarcelado y con miedo. Trate de ver las cosas de manera diferente, ataque el miedo y véalo de frente. De esta manera, usted aceptará su pasado y sus aparentes limitaciones. El que falle o tenga éxito no es importante, el mero intento ya es un éxito. Ahora puede decidir si las cosas en su vida son aceptables, incómodas o inaceptables. Su miedo o el de los demás no decidirán por Usted; como en un sueño donde se siente uno impotente ante un adversario y no puede uno despertar. Despierte. ¡Sí puede! Usted es quien decide.

La Aceptación salvó mi vida. ¿Esto le es familiar o lo ha escuchado de alguien más? Tal vez lo que ha experimentado no fue tan violento, pero como quiera fue traumático. La historia de abuso sucede todos los días, independientemente del género, color, nacionalidad, preferencia sexual o las creencias religiosas. Es algo con lo que viven muchos y no reportan o denuncian, ni escriben al respecto. Muy lamentablemente, algunos no sobreviven.

Universal es la historia de violencia y malas decisiones que te pueden llevar por un camino obscuro, pero incluso ése mismo camino no le puede evitar el encontrar la paz interna que busca. Ni violencia, dolor, ni falta de vivienda o desesperación puede privarlo de esta paz, porque una vez que abre su percepción, y toma conciencia y se acepta a Usted mismo, abrirá el candado para regresar a su totalidad.

Reglas del Fuego

Filosofía de el Yo

REGLAS DEL JUEGO:
Filosofía de el Yo

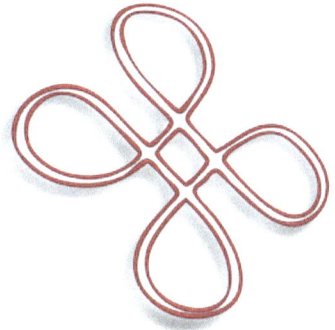

Hasta ahora, hemos abierto nuestra percepción y dado algunos pasos hacia la toma de consciencia. Necesitamos entender las reglas de éste caos que llamamos vida.

Hemos sido programados a través de la escuela, la religión, la educación acerca de ciertas costumbres y comportamientos; de lo "que sí, y lo que no" de la vida. Nos enseñan a ser considerados, agradecidos, conformistas, honestos, reflexivos y humildes. Todo esto es bueno, ¿pero que sería *lo bueno* sin *lo malo*? Este es el juego.

Debe Existir Un Balance

La ignorancia no es la felicidad, es sólo una programación de conformidad. El estar sabiendo, tratando, preguntando o analizando, significa que está siguiendo el camino de la vida con vendas puestas. ¿Cómo puede tomar una decisión para cambiar su vida sin conocer todos los hechos? Por ejemplo ¿"compras impulsivas"?

No tome las grandes decisiones de su vida como tipo "compra impulsiva." Cuando no ha puesto todas las opciones en la balanza, puede enfrentar consecuencias desastrosas. Vamos a analizar aún más ésta declaración. Digamos que tiene programada una reunión de negocios para las diez de la mañana al día siguiente, y es muy importante. Esta noche, tiene la oportunidad de salir y permanecer fuera, tarde con sus amigos. En este escenario, diferentes ejemplos de conciencia traen diferentes resultados.

"Compra impulsiva"

Decidió salir y se va de fiesta. La oportunidad está ahí, es lo que desea y siente que se lo "merece." Al día siguiente, son amonestados en el trabajo, pierde la reunión de negocios, el cliente y el respeto de mucha gente.

Pensándolo Bien...

Se da uno cuenta que aunque la oportunidad está enfrente, no tiene qué tomarla. Aunque crea que se lo merezca y desea salir, puede volver a presentarse la oportunidad en otro momento. Sobre ésa reunión en la mañana: ¿qué va hacer al respecto? ¿Perderá al cliente si no se presenta? ¿Perderá respeto en el trabajo? Recuerde, Usted no espera que las cosas ocurran, las hace que sucedan.

Podría tomar los siguientes pasos. Llama a un colega, un empleado o un asistente y les dice sobre la reunión para asegurarse de que puedan asistir. Prepara las notas y la agenda para la reunión y las deja accesible a otros. Sale con sus amigos pero está consciente de la reunión en la mañana. En algún momento, tiene que decidir si sé está dispuesto a arriesgar la vergüenza de la pérdida del cliente a cambio del momento vivido. Si decide que no desea correr ése riesgo, se retira de la fiesta temprano, sé va a casa y descansa, así despierta fresca(o) por la mañana y va a su reunión.

En el primer escenario, conscientemente toma la decisión de permanecer fuera e irse de fiesta, sabiendo las repercusiones. Llega tarde y exhausto a casa, le llama a la secretaria o a un colega de su elección y les pide que se hagan cargo de la reunión o que la cambien para otro fecha.

Después de ése larga comparación, ¿cuál es el factor decisivo que hace que un escenario, sea diferente al otro? Esto es simple: la llamada de teléfono. ¿Estaría molesto por las consecuencias? ¿Podría preguntarse por qué?

En el segundo caso, las cosas pasan sin problemas debido a la mejor planeación. Usted está consciente de las posibles consecuencias, y a pesar de que ha tomado las precauciones para evitar un resultado indeseable. Si las cosas no hubieran funcionado, podría aceptarlo, sabiendo que había hecho todo lo posible. Todo es cuestión de percepción y estar consciente de su situación.

LAS PARTES DE EL YO

Ya sea la rutina de la vida, como el movimiento en la mañana (o la fatiga alrededor de la tarde), así como nos preparamos para el día, pensando en las tareas interminables que sin darnos cuenta establecimos por y para nosotros mismos, sabiendo muy bien que llegaremos alrededor de la mitad de ellas, parece que siempre estamos en un estado "predeterminado" de ser, un punto de referencia desde el que se originan nuestros comportamientos. ¿Cuál es ésa parte de nosotros? ¿Es una personalidad o nuestra máscara del día? ¿O ambas?

Este tema merece la pena explorarse. Podemos detenernos y contemplar estos asuntos, pero fallamos en permanecer sobre el tema lo suficiente para recopilar cualquier información concreta. Esta respuesta requiere un viaje hacia nuestro interior.

Uno de los principales componentes del YO, está en saber donde una parte de Usted mismo comienza y la otra termina. ¿Partes? Puede preguntar, Sí, partes.

Un auto tiene múltiples partes. Todos desarrollamos muchas facetas a medida que crecemos, y, por supuesto, nuestro todo siempre es mayor que la suma de nuestras partes. Desarrollamos ***personalidades*** a medida que nos encontramos con diferentes situaciones, eventos, lugares, personas y experiencias. Piense en su "avatar" de las páginas sociales de medios de comunicación que refleja su estado de ánimo o la "cara" que pone antes de una reunión o una visita con la familia. Estas son sus "personalidades." El número y tipo varían de individuo a individuo, pero los fundamentos son los mismos. Temporalmente "ponemos" estos aspectos de nosotros mismos cuando la situación lo requiere.

¿Cómo sabemos cuál de nuestras personalidades es el verdadero YO? ¿Qué pasa si llevamos un poco de todas ellas en nosotros mismos? ¿Qué sucede si nos despojamos de éstas personalidades en la primera oportunidad que tengamos? Las preguntas y meditaciones son infinitas, sin embargo, al final, sólo una pregunta importa: ¿conoce realmente quién es?

Vamos por la vida, personificando *quiénes somos* y que *queremos ser*. A veces las dos se juntan; a veces cada una sigue diferente camino. Nuestras personalidades son intercambiables y pueden ser manejadas, pero ¿cómo mantenemos nuestra cordura mientras nos cambiamos de sombreros y actuamos de acuerdo a estos cambios aparentemente esquizofrénicos? Esto es donde la mayoría de la gente, incluyéndome a mí misma, inevitablemente, nos metemos en problemas.

Es importante reflexionar no sólo sobre asuntos de su presente, sino también de su futuro. Siempre sabiendo que hay espacio para el cambio, qué el presente nunca es absoluto, y qué se convertirá en un factor de motivación subconsciente.

La clave para entender este fenómeno es confrontarlo. Las preguntas principales son "¿Quién soy yo?" y "¿Que quiero ser?"

"¿Quién soy yo?" parece casi obvio y demasiado simple, pero no lo es. La pregunta provoca múltiples líneas de pensamiento. ¿Quién soy yo de corazón? ¿Cuáles son mis deseos? ¿Qué es lo que me motiva? Todas estas preguntas surgen de lo que parece una investigación relativamente simple.

La siguiente pregunta fundamental es gigantesca. ¿Es Usted feliz tal como es? ¿Realmente feliz? Si la respuesta es sólo un signo de interrogación, como lo fue conmigo, las siguientes preguntas que debería hacerse son las siguientes: "¿por qué he elegido la personalidad que tengo? ¿Cuándo es que la utilizo? ¿Por qué? ¿Qué parte de la personalidad elegida pienso que sea de más beneficio? ¿Me he puesto a pensar en posibles efectos secundarios negativos? Incluso si son efectos secundarios aceptables, ¿los he considerado realmente?"

Sólo Usted puede responder a éstas preguntas. Son las preguntas que uno no permite que otros nos hagan, ni siquiera que se insinúen.

En mi caso, desarrollé un papel de personalidad "protectora" que me permitió sobrevivir las pruebas y tribulaciones de mi vida. Era la compañía perfecta para la personalidad que se consideraba la víctima. La personalidad principal que tomó en el "modo de supervivencia" fue la Krystaline enojada, herida, desconfiada y autosuficiente. Era la misma persona; mi talento, creatividad y habilidades, ¿pero mi personalidad? Vamos a decir que fue dañada.

El problema con eso, es que los beneficios que inmediatamente se experimentaron fueron positivos, por el éxito que me brindó el negocio, a medida que me iba adaptando a las características que se requerían para lograrlo. Fui una persona fuerte: me mantuve firme como una mujer de negocios (una muy joven). Adquirí una cierta reputación por producir buenos resultados, y sobre todo me consideraban independiente, sin complicaciones. Como descendencia de dos personas brillantes, ambos con sus propios legados, estaba considerada como un sabio en los negocios. Parecía algo grande — ¿pero, lo era en realidad?

Aquí viene la verdad: ¿A qué costo se busca el éxito? Solía vivir con el dicho, "¡Todo lo que sea necesario!" Esto significaba el éxito a toda costa. En la superficie parecía una buena forma de ganar en la vida, pero les aseguro que no es así. La gráfica en la página siguiente muestra los hechos a favor y en contra de ésta verdad. Utilice esto como un ejemplo y complete su propia gráfica.

LA MASCARA: UNA PERSONALIDAD FABRICADA

Pros	Cons
Excelencia al producir resultados *(obtener lo que desea)*	Tratar a la gente como un objeto; falta de simpatía *(Deshumanización hacia la gente, si no son humanos, no les duele)*
Satisfacción del ego	Constantemente tener que auto-superarse se vuelve exhaustivo
Evitando Lastimarse *(Porque pone una barrera)*	Perder contacto, vivir en su propia realidad subjetiva
Independencia	Aislamiento Personal, vivir en una burbuja, nunca permitir el acercamiento con nadie
Motivación constante *(por premios o escapes)*	Retiro, depresión
Suspensión de factores estresantes *(ignorando problemas pendientes)*	Pretender que las cosas mejorarán *(ignorándolas y haciéndolas peores)*

Hay una enorme diferencia entre actuar sobre una bien informada y bien pensada estrategia y depender de la aprobación de alguien más sobre Usted o sus acciones. La diferencia es complicada, y el comportamiento aprobado; tiene ventajas y desventajas.

El problema con filosofar, analizar y eventualmente especular sobre el estado de ventajas y desventajas de cualquier tema, aquí está el tema de 'Búsqueda de comportamiento aprobado'; es que nos obliga a juzgar, ¿y quién puede decir que el juicio de una persona es mejor que el de otra? ¿Quién puede decir que nuestro juico es moralmente aceptable? ¿Qué estándar de moralidad utilizamos para inclinar la balanza? ¿Cuáles son las reglas del juego?

Al analizar éste tema en particular, he llegado a varias conclusiones; la principal es, que a fin de imitar los comportamientos de los demás, sin inminente absorción y fusión, primero se deben encontrar la identidad y la filosofía de uno mismo. Lo que significa, que antes de que pueda pelear para incorporarme, en cierto sentido de normalidad, tal como se define por la mayoría social, debe primero conocerse y encontrar realmente quién es, la persona en su interior, no sólo lo que demuestra en la superficie, sino lo que se muestra públicamente o su "personalidad."

Por lo tanto, después de mucha consideración, he decidido definir el tema del que estamos hablando, como lo veo y entiendo, y sobre esta base, las siguientes ventajas y desventajas han sido concluidas.

Para empezar, la búsqueda de comportamiento aprobado, es por definición la resistencia constante de todas las cosas aspirando a algo mayor, mayor en un sentido de avance, mejor, más innovador, más creativo y así sucesivamente. Es la necesidad de ir detrás de la "receta ganadora" para recibir elogios. Hasta pensar en las afirmaciones, es parte de la búsqueda de comportamiento aprobado.

Estos comportamientos están con nosotros al nacer. Un bebé instintivamente busca aprobación de su madre, y su sonrisa es una recompensa. Un niño es inducido a un buen comportamiento con tácticas similares, y a medida que crecemos, estamos condicionados a obtener buenas calificaciones para recibir aprobación. Como adultos, éste comportamiento se infiltra en nuestras vidas. El ser mujer aumenta las presiones. En una sociedad patriarcal principalmente, en donde el ser iguales, no significa igualdad de trato; mayores resultados son esperados para poder alcanzar el éxito y la aprobación.

Así que al final, todas mis preguntas llegan al mismo punto. ¿Por qué es esto un mal comportamiento? ¿Que no son las reglas de la sociedad que dictan las normas? Mientras que la necesidad de aprobación se nos ha metido a golpes durante todas nuestras vidas, ¿cómo desprogramarnos? Con razón algunas personas tienen un tiempo difícil de adaptación. Solía ser que la mayoría de los comportamientos eran mandatos de la sociedad y entonces ocurrió la revolución social de los años sesentas, y todo cambió. Pero las cosas iban de un extremo al otro. ¿Cómo llegamos a un término medio?

Para utilizarme a mí misma como un ejemplo rápido, veo que algunos de mis problemas pasados fueron sembrados en algunas de las razones mencionadas. También veo que algunos de los métodos que se examinaron, los usé cuando desarrollé ésa personalidad protectora. Éxitos debidos a tales ejemplos, pueden considerarse como pequeñas victorias en la escuela, negocios, relaciones con la Comunidad, carrera e incluso la familia. El liderazgo está impregnado de responsabilidades que exigen llevar a cabo tales comportamientos. La sociedad en general acepta esto sin ninguna protesta. ¿Cómo se supone que tienes que llegar a la conclusión de lo correcto e incorrecto? Como se dice… "La Retrospectiva es como visión 20/20," "Si hubiera sabido entonces, lo que sé ahora"… Por supuesto ahora, intentando buscar los "A Favor y En Contra" es un asunto de juicio del que hemos hablado, porque implica que uno debe ver ciertas cosas cómo "malas" o negativas, cuando quizá en algún momento no vimos absolutamente nada de malo en nada-¿Cómo aplicamos lo que hemos aprendido?

Hay algunos efectos secundarios o desventajas en ésta dinámica. Uno de los principales puntos negativos es que constantemente debe participar mental, emocional y físicamente durante largos períodos de tiempo. Esto es agotador y lo convierte todo en "solo trabajo", llevando a una multitud de molestias físicas cómo privación del sueño, mala alimentación y otros riesgos de salud graves.

Además de todo esto, también existe algo extraño que sucede cuando se vive buscando aprobación constantemente, pierde el contacto con quien verdaderamente lo desea: otras personas. La Simpatía objetiva es la primera que se va, a medida que Usted se preocupa por sí mismo y los que le rodean. Dejar de pedir lo que le agrada. Toma la carga de los objetivos otros antes que los propios, entrena para complacer siempre a otros primero. Esto a menudo lleva a obtener "lo peor" y trae otros problemas de comportamiento en combinación, o cómo consecuencia.

Tener una mente bajo una sola forma de pensar, cómo el de agradar a otros, hace que el mundo pase por enfrente sin darse cuenta. Usted existe en una forma de "burbuja" o tipo "estado de coma despierta(o)" en donde flota sobre las cosas que no le interesan (aquellos que no incluyen elogios) y se desliza sobre las cosas que nos llaman la atención y nos entretienen. La vida se va muy rápido, y uno lucha por mantenerse siempre al corriente. Esta carrera "de la vida diaria" se convierte por lo general en exclusiva, porque atrae sólo a individuos dispuestos "a hacer lo que sea," y eso hace también que el estilo de vida o comportamiento que llevan sea agradable y apetecible. El estrés constantemente aprieta el estómago y crea tensión en sus músculos. No es una imagen muy bonita.

He vivido, amado, ganado y perdido. En la búsqueda de mí misma, he encontrado qué la busqueda de aprobación de comportamiento, está inherentemente vinculado a un punto de vista dentro de nosotros mismos. Hasta que aprendemos a aceptarnos, no podemos encontrar aprobación auténtica de otros. Para llegar a este balance, debemos llegar a un acuerdo con la realidad del YO, saber quiénes somos realmente, aceptar lo bueno y lo malo de nuestro pasado, realizar cambios en el presente y crear un futuro nuevo y más equilibrado.

La constante búsqueda tiene sus raíces en éste comportamiento. El truco es saber qué necesidades tiene que cumplir y asegurarse de que siempre se incluya en la formula. La mayoría de los errores en la vida se cometen cuando no escuchamos a nuestra conciencia y subliminalmente o no, tiene una importancia transcendental. Es importante el volverse a evaluar, preguntando directamente cuáles son sus deseos antes de continuar. He encontrado mucho consuelo en el hecho de que he aprendido a considerarme "el crítico" más importante en mi vida. Puedo dialogar y tomar la información sin la necesidad de "estar en el asiento del conductor", o como se dice, sin estar en control total.

El filósofo René Descartes escribió perfectamente mis pensamientos: "soy una cosa que piensa, es decir, una cosa que duda, afirma, niega, comprende algunas cosas, es ignorante de muchas cosas, tiene libre albedrio; decide, se abstiene por voluntad propia y también imagina y siente." – Parecida a la frase de Shakespeare de "ser o no ser" no es la pregunta, pero si la respuesta.

Al ser Usted misma(o), deja la uniformidad a otros. Se da cuenta de que somos seres humanos todos únicos y que aunque nos podemos imitar unos a otros, no podemos nunca replicar absolutamente el comportamiento de otros. Aunque individuales, todos somos parte de un todo. Estos pensamientos fueron el combustible de mi redención, y pensando de ésta manera, le di la bienvenida a mi nueva forma de ser.

Se trata de quién soy. Tengo fallas porque soy humano. Y el ser humano es todo lo que puedo pedir Ser.

LA CALMA:
La suerte no tiene *nada* que ver con esto.

A veces parece que el universo está tratando de probarlo o decirle algo, especialmente cuando, sin importar lo que haga, las cosas no funcionan. Es fácil culpar a la "mala suerte" o hablar de "la suerte del que gana". ¿Y qué significa eso? Estos refranes se refieren negativamente a los eventos que no cumplen sus expectativas; Sin embargo, rara vez escucho la otra cara.

Creo que es necesario un ejemplo, para ayudar a explicar mi punto. Una vez, había planeado un viaje para una Conferencia. Hice mis reservaciones casi tres semanas de anticipación y planeé todas las tareas que se necesitaban hacer antes de mi viaje. Por un momento, parecía que se necesitaban terminar tantas tareas que no podría hacer mi viaje. Estaba muy entusiasmada con este viaje, era una de las presentadoras principales en éste evento y no quería perderlo.

Después de todo como pasaban los días, una cierta intensidad parecía desvanecerse. Aunque para iniciar, parecía como si las barricadas y los obstáculos en mi contra no tenían fin, cuando surgieron los problemas: niñera, trabajo, compromisos improvisados y así sucesivamente. Entonces, de la nada, unos días antes de mi viaje, una cierta calma cayó sobre mí. Fue como si todo cayera en su lugar.

El día de mi vuelo, me desperté a las 6:00 a.m. Aproveché el hecho de que los niños, todavía seguían durmiendo, y tomé un baño caliente, agradable, y relajante.

Mientras empacaba (¡sí, en el último minuto!) y al haber terminado mis tareas, hice notas mentales revisando todo en mi lista de pendientes y aún mi entusiasmo estaba fuerte. Terminé mi lista, alisté a los niños; empecé a reunir todo lo necesario... ¡ oh no... Ya eran las diez! Todavía quedaba mucho por hacer. Tenía que dejar a los niños, despedirme y no nos olvidemos... manejar al aeropuerto.

Por algún milagro, conseguí llegar al aeropuerto y como a las once. Todo parecía bien, y cuando empecé a desarrollar confianza, caminé hacia el punto de seguridad y me di cuenta que me había olvidado planear para éste paso. La seguridad fue mi caída.

Como Usted puede deducir, perdí mi vuelo. Eso era un hecho, pero lo qué no era de esperarse, fue mi reacción al aparente infortunio. Me enteré que el próximo vuelo no salía sino hasta las 4:45 p.m. En ése momento, cuando recibí la noticia, todo me pareció cómo en cámara lenta y el tiempo eterno; Sentí la fuga de mi energía y el colapso de mi suerte. En ése momento cuando uno toma una decisión y si se consideran todas las opciones antes de actuar, es digno de estudiarse, porque cualquier cosa que siga afectará el resto de su día.

Los resultados, o realidades se entienden, pero "¿Qué sí...?" ¿Qué sucedería si me vuelvo loca pensando en todo lo que "pude haber" completado? ¿Qué si hubiera reservado el vuelo posterior? ¿Podría haber? ¿Debería tener? ¿Tendría qué.?

Como comúnmente se dice, pude haberme fajado y confrontar la situación. No me esperaban en la Conferencia sino hasta el día siguiente, y todavía tendría tiempo de llegar tranquila. Todo era cuestión de percepción y perspectiva. Una perspectiva puede ser negativa y llevarme a un ataque de ansiedad, mientras que la otra me permitiría relajarme y cambiar a una actitud más positiva. La segunda se presenta al abrir su percepción y ver estos momentos como señales para frenar y sincronizarse.

Y así nada más, en un instante, en un abrir y cerrar de ojos, decidí que permanecería abierta y consciente. Respiré profundamente y me permití sentir una conexión conmigo misma, sentirme humana y falible, aunque esto me hiciera vulnerable. Cuando exhalé, caminé pasando por la seguridad del aeropuerto y me sentí libre para relajarme y encontrar algo qué hacer mientras esperaba. Salí del punto de seguridad revigorizada y dispuesta a disfrutar de mis experiencias. Podía ya tomar en cuenta los detalles y las lecciones que podrían presentarse, la simplicidad.

Cuando recibí las instrucciones hacia mi puerta de salida, sentí que la calma caía sobre mí una vez más, el sentir de que estaba en el lugar correcto en el momento adecuado. Después otra sensación me sobrevino. Mi estómago se quejaba, por recibir alimentado por primera vez hoy, tan tarde ya en el día. Esto me llevó a mirar a mi alrededor, y analizando visualmente la zona, mi mirada se fijó en un grupo de mesas bien establecidas que parecían simular estar en una acera. El lugar tenía una cierta peculiaridad, semiprivado y sensación de sombra artificial, esto me llamo la atención.

Fue bueno que todo esto sucediera de ésta manera y no de ninguna otra, porque escribí éste capítulo cuando me senté a disfrutar en éste ambiente de estilo café parisino. Me di cuenta de que había tomado decisiones que cambian la vida, y me alegró que las cosas ocurrieran como sucedieron.

En retrospectiva, disfruté mucho de mi viaje. El tiempo que estuve sola, esperando mi vuelo, me ayudó a resolver muchas cosas en mi mente. Había podido ajustar y disfrutar de mi propia compañía. Me sentí centrada, lista para cualquier cosa, lista para hacerle frente a lo que pudiera venir. Fue un sentido renovado de auto-conciencia y confianza.

Como un laberinto, la vida nos lleva por muchos giros y vueltas que terminamos mareados, distraídos de nuestro objetivo final. Estas distracciones son pequeñas, pero demasiadas, y si no prestamos atención, se produce un cambio gradual. Un cambio, que si no se controla, eventualmente lo desviará de su camino.

Es sólo cuando nos vemos obligados a tomar decisiones que obtenemos el beneficio de la vida que nos dice, "Es esto lo que realmente quieres?" Nosotros decidimos si la respuesta es sí o no y sentir una renovación de propósitos. ¿Por qué es eso? ¿Por qué debemos esperar para que las señales nos golpeen la cara como una pared antes de reaccionar?

Es cierto, que tal y cómo, ésta experiencia me dio un sentido de disposición, que no habría experimentado, si la serie de eventos hubieran sucedido de manera diferente. Cada pieza tuvo su papel que desempeñar. Era casi como si la situación me obligara a decidir sobre la perspectiva que me trajo el mayor beneficio. Al final, ¿no es ésa la Moraleja de la historia?

¿Por Qué Nos Mentimos a Nosotros Mismos?

He encontrado un experimento social que he llegado a llamar el factor de "amnesia selectiva".

Aunque plenamente conscientes de detalles, o las mentiras que omitimos o agregamos, decidimos creerlas temporalmente y de ésta manera engañar, no al destinatario de las mentiras, sino a nosotros mismos. Esto nos deja en un estado perpetuo de "suspensión de incredulidad" y nos hace vulnerables de cualquier persona con una buena historia.

En esencia, vivimos las mentiras de nuestra propia elección y somos dependientes de ellas una vez que nos hemos acostumbrado a tenerlas a nuestro alrededor. Los secretos que guardamos y a menudo etiquetamos como "esqueletos en el armario" no son sino las verdades que hemos optado por ignorar.

Somos como "terratenientes ausentes" en los cuerpos que habitamos, y por lo tanto no nos damos cuenta de las razones más importantes para SER. Nos acostumbramos a estar atrapados con detalles o en negar nuestras acciones. Nos mantenemos esclavizados por la "amnesia selectiva" y el sueño de una realidad que no existe excepto en nuestra imaginación. Seguimos atrapados flotando en el limbo y perdidos. Perdidos en un mar de confusión, qué si tuviéramos nuestra mente en orden lo podríamos ver. Si tuviéramos una perspectiva mayor, podríamos encontrar una solución. Podríamos "nadar a la orilla" del rio de la confusión.

¿Qué es lo que nos detiene? Mentiras, miedo y conflicto. El proceso de aceptación. ¿Tal vez el esperar encontrar " la paz" interior?

¿Tenemos miedo simplemente de "dejar ir y permitir que suceda" lo que debe suceder? ¿Tenemos miedo realmente de decepcionar a otros?

¿Tenemos miedo de la opinión negativa de otros? ¿Será que "simpatizamos" y no deseamos herir a otros con la verdad detrás de nuestras mentiras? ¿ O será que le tememos al conflicto y optamos por no hacerle frente a una realidad que nos da miedo o que no aprobamos? ¿Es esta fachada una táctica más para permanecer ocultos de nosotros mismos? ¿Tenemos miedo de enfrentar la verdad por lo que es, de ver la vida como menos que perfecta? ¿Puede que tengamos miedo de ser quién realmente deberíamos de ser? ¿Tememos tener confianza en nosotros mismos?

Entonces, en conclusión... ¿es la confianza en nosotros mismos lo que nos falta?: confianza en la naturaleza, confianza en nuestros compañeros seres humanos, confianza en el sistema, confianza en nuestra familia, confianza en la vida. La razón número una por la que tememos y dudamos, permanece asustada y amnésica, es porque no entendemos el por qué. ¿Por qué estamos aquí? ¿Cuál es nuestro propósito? Creemos que tenemos la necesidad de saber o entender todo, porque el saber nos trae seguridad. Estar seguro, no es nada más que la confianza. Al final, la respuesta es sencilla. Tener un poco de fe, que tal vez, las cosas que no entendemos, estaban destinadas a ser así por ahora. Tal vez cuando llegue el momento, sabremos las respuestas que buscamos. ¿Tal vez si simplemente pedimos, recibiremos? Lo importante para recordar es que **nada es cierto, excepto lo incierto.**

No siempre tenemos que tener todas las respuestas. Tampoco tenemos que entenderlas. Nuestras vidas tienen significado por lo qué es la búsqueda. Ignorar las partes del viaje que llamamos vida, porque a veces no sabemos los detalles, parece como "hacer trampa".

Las Burbujas son adecuadas para la protección, pero recuerde utilizarlas sólo cuando sea necesario. Vivir en una burbuja lo aísla de la misión que tenemos: vivir cada día al máximo. El regalo más grande que tenemos es la experiencia de despertar cada día y disfrutar la belleza que nos rodea además del dolor y la tristeza. Nuestra experiencia de vida depende de todos éstos aspectos, no sólo los que elegimos.

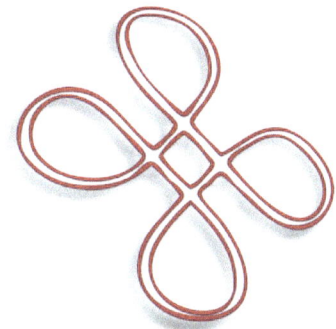

DINERO, SALUD y AMOR

Nuestro verdadero SER emerge al ir quitando las capas de encima, una por una. Entre más se acerque al centro de sí mismo, más verá a su verdadero SER. Como una cebollita.

En los buenos tiempos, parece que todos tenemos la habilidad de ser agradables y maravillosos hacia otras personas. En los malos tiempos, todos tenemos la capacidad de dar "golpes bajos". Así que ¿Cómo hacemos para ponernos en medio? Todo depende de nuestra manera de ver las cosas y cualquier otra cosa más, cómo procesemos los eventos?

Dicen que nunca realmente conocemos a una persona hasta que nos vemos obligados a vivir con ella durante unos días o más. En mi experiencia, esto es verdad, en alguna ocasión pensé que conocía a mi compañero y al final, después de haber vivido juntos, me di cuenta que la realidad era todo lo contrario.

En una ocasión le pregunté a una amistad muy especial, ¿"qué es lo que buscas de la vida?" Y me contestó, "salud, dinero y amor. Estas son las cosas que hacen que el mundo ruede". Esto me hizo pensar. Sin uno, las otras dos parecen fuera de balance y las tres parecen ser lo qué todo mundo busca.

Dicen que el Dinero no puede comprar la felicidad, incluso yo puedo dar fe de eso, pero también puedo decir que sin duda alguna, hace la vida más cómoda. La Salud por sí misma no puede pagar las facturas o poner la comida sobre la mesa, pero puede darle el tiempo y la energía para hacer algo que sí lo haga.

Y el amor! El amor es la pregunta de los veinte millones de dólares. El amor es la parte fundamental de nuestro SER; probablemente es la única fuerza que puede hacer que el mundo ruede. El amor es la emoción poderosa que puede influenciar nuestra felicidad, nuestra autoestima y todas nuestras relaciones.

El Amor te ayuda a sanar, y el amor, dicen, trasciende el tiempo y el espacio. Con todos estos beneficios, ¿Qué es el Amor? Y ¿Cómo la obtengo?

La simple palabra de cuatro letras – ha sido mal entendida, cortada, etiquetada, clasificada y categorizada. Está compartimentalizada y apartada a un momento y significado específico (platónico, romántico, familiar, etc.). ¿Por qué no todo puede ser sólo amor? ¿Puede ser definido como una sensación de sentimiento mutuo, reconocimiento, bienestar, paz y equilibrio que se siente hacia una persona, animal, objeto, lugar o actividad?

La euforia del amor viene de la entrega en el momento, dejando la guardia baja y permitiendo ser vulnerable. En éste estado de aceptación pura, puede sumergirse en el objeto de su afecto. Por lo qué es cierto que todos buscamos la emoción del amor, pero no queremos estar expuestos al fracaso, ni siquiera por un corto tiempo. Esta es la razón principal que las personas tienen miedo de enamorarse, dar el paso, o incluso a decir las palabras "Te amo".

Sin desmerecer el significado al decir "te amo" no debe evitarse por temor a los futuros compromisos que van con las palabras. Yo he amado, alrededor del resplandor y más tarde se sintió diferente. Y está bien. Aunque sea por un momento, un breve intervalo, las experiencias registradas en la memoria estarán con uno para siempre. El decir "te amo" no implica ningún tipo de exclusividad. Simplemente significa ahora, aquí, esto, tu, yo, eso es todo.

El Amor humano es lo que es. Me imagino qué si hay otros seres inteligentes en el universo que no sean humanos, nuestra capacidad de amar es probablemente lo que hace, a los seres humanos, únicos. El Amor no necesita etiqueta ni condiciones. El Amor es independiente y hasta le ayuda a otros atributos como a la Salud y el Dinero. El amor no impone condiciones. EL amor ni juzga. De hecho, juntos, estos tres parecen hacer una combinación perfecta.

A lo que se reduce todo esto, es a nuestra búsqueda de uno para el otro. Queremos la alegría de sentir una conexión, acariciar y ser acariciado, amar y ser amado. Yo he tenido momentos de amor libre, seguido de un momento desagradable, preguntándome si había cometido un error. No deberíamos tener miedo de disfrutar de un momento, el tocar otras vidas o permitir que otros toquen la nuestra, aunque sea con un desconocido.

Para compartir esos momentos, tiene uno que dar de sí mismo y la mayoría de la gente no lo verbaliza por miedo a la reciprocidad. ¿Y qué si digo las palabras, y se toman muy en serio? ¿Y qué si la persona no siente lo mismo que yo? Por lo que uno queda como la película, en una " Atrapado sin salida "- malo sí lo hago, malo sí no lo hago. ¿Por qué no compartir un momento porque uno lo desea? Uno es sólo responsable de sus propias suposiciones. Al final del día, mostrar amor por alguien, algo o algún lugar — porque desea y no espera nada en retorno — nos permite vivir el momento plenamente.

Si Usted toma y aplica éste concepto a otras metas y caminos, encontrará que la salud y el dinero le seguirán fácilmente.

¿Cómo puede ser que afirmar lo obvio cambie el pasado? El miedo proviene del hecho de ser egoísta. Con el acto de querer que ciertos momentos futuros ocurran, el miedo que otros no verán las cosas como uno, que la gente cambiará sus sentimientos hacia uno o aquellos que uno ama, etc., etc., etc. Nos mantenemos en una jaula de nuestro propio diseño.

Todo lo que necesitamos realmente en la vida es vivir en el presente, apreciar el pasado y ver hacia el futuro. El negarnos las cosas que buscamos es una desviación que nos lleva a menudo fuera de nuestro camino. Si realmente queremos alcanzar la felicidad, necesitamos despojarnos de nuestros temores y aceptar las situaciones como vengan. Lo que es y lo que podría ser son dos cosas diferentes. Sin estar abierto a esto, ¿cómo sabrá lo que será?

CAMBIO Y BALANCE

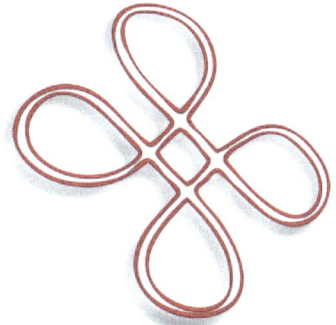

El delicado balance que es la danza de las relaciones interpersonales, es una tarea complicada para lograr, sobre todo cuando usted ha estado ausente en la vida de alguien para después re-introducirse. Es casi como si se estuvieran presentando de nuevo y por primera vez. Recuerdos de los viejos comportamientos o características permanecen y por lo tanto influyen en el futuro de la relación.

Relaciones pueden significar amistad, familia, o incluso románticas. En cualquier caso, el resultado de las hipótesis es la misma. ¿Cómo dejamos de vivir en nuestro pasado? Ya sea bueno o malo, el pasado parece ser algo que está ahí y que no se puede hacer a un lado sin importar cuánto mejoramos o cambiamos, bueno o malo lo hacemos. Las personas se pueden cegar cuando no quieren reconocer los cambios. Es algo común y a menudo una frustración que sólo aceptamos, y decimos nosotros mismos "qué simplemente esa persona es así" - ¿realmente aceptamos esto?

Las respuestas se encuentran en los ojos del espectador. ¿Cómo ve Usted las cosas? Las percepciones de otras personas, en su mayor parte, nunca parecen estar relacionadas con el presente. Ven el fantasma de la personalidad de su pasado, no ven que éstas son las acciones de ahora, no las de ayer. Somos quiénes somos, y a veces descubrimos nuevas partes de nosotros mismos que ni siquiera sabíamos que estaban allí. Estamos cambiando constantemente, y debido a eso, cualquiera que espere que la gente sea siempre la misma, seguramente será decepcionado.

Dicen que entre más cambien las cosas, más permanecen igual. El mundo, o el medio ambiente que nos rodea, no cambian tan rápido, o tan dramático así como pensamos. En cambio, somos nosotros los que cambiamos drásticamente cómo vamos aprendiendo y creciendo, al asimilar y adaptarnos. Nuestro contexto, nuestro punto de vista, los cambios y por lo tanto, el paisaje que nos rodea cambia. Piense en una película que vio cuando era niño y la vuelve a ver una vez más cómo un adulto. Es la misma película, pero un punto de vista diferente. Los significados, ideas y la interpretación que ahora encuentra en la película, sin duda, no estaban allí antes. ¿O sí?

De la misma manera, ¿por qué una persona viva permanecería sin cambiar? El refrán "la gente no cambia" y nuestro tema de conversación reciente, convergen y significan lo mismo. Todo depende de nosotros. "la gente no cambia" suele ser un punto de vista muy fuerte, significando que no importa cuánto una persona aprenda o crezca, siempre será el mismo.

Aparentemente, estas dos formas diferentes de contemplar el punto parecen estar en conflicto eterno. ¿Lo son? ¿Y qué si la gente no cambia? ¿Y qué si todos nacimos con un plan potencial? ¿Qué sí, en función de parámetros que incluyen nuestras opciones de vida, las decisiones que tomamos y las acciones que seguimos, estamos abiertos o expuestos a una parte diferente de nosotros mismos? Todos nacemos con un mapa y ruta marcada, y como vamos a lo largo de la vida, seguimos descubriendo nuevas y emocionantes maneras de leer e interpretar este mapa. Entre más aprendemos, mejor somos capaces de comprender las direcciones, explorar nuevos destinos y decidir si cambiar rutas o no. El mapa es inmenso y lleno de innumerables posibilidades.

¿Si no cambia el mapa (el plano), entonces, la gente no cambia, ¿o sí? Tal vez si cambiamos y aunque el paisaje que nos rodea parece seguir siendo el mismo, como ruinas antiguas esperándonos para alcanzar nuestro conocimiento a fin de comprender sus secretos, asimilamos las experiencias que encontramos e inevitablemente nos cambien, nos guste o no. Entre más viajamos, vemos, oímos, degustamos, vivimos e interactuamos con otros, más añadimos a nuestro interminable repertorio de experiencias, rasgos y comportamientos.

Quizá hacemos todo lo anterior, y las nuevas partes de nosotros mismos son tan nuestras cómo las piezas viejas. Tal vez sólo sigamos mejorando y debemos estar orgullosos del pasado. Parte del equilibrio es de aceptación, y el primer paso es de aceptarnos a nosotros mismos, en nuestra totalidad. ¿Podría ser que otras personas sí vean cambios en nosotros, pero eligen no reconocerlos?

Encontrar el balance es acerca de la búsqueda por la verdad dentro de nosotros. El descubrirnos es una aventura de toda la vida, y SU viaje es sólo suyo. Una vez que acepte esto, puede respetar a otros en sus viajes. Bajo ésta línea de pensamiento podemos decir con seguridad que el viaje de otras personas no es SU viaje, así que la tolerancia nace de éste respeto mutuo.

Balance es aceptarse primero y después aceptar a otros. Para ello, los temores se deben convertir en serenidad y las ansiedades en sabiduría. Es en él no saber en el que cometemos la mayoría de nuestros errores y atrocidades. En la ignorancia viven los temores y los juicios que mantienen nuestras vendas. ¿Cómo podemos ser mejores sí nunca sabemos quiénes somos realmente? ¿Cómo podemos amar a otros sí no nos amamos a nosotros mismos?

Nos confunden el "dar gusto" a otros y el complacernos a nosotros mismos. Porque a menudo primero buscamos la aceptación de los demás (qué es lo contrario de equilibrio), seguimos enredados en acciones desesperadas. Puede ser un padre, amigo, hermano, compañero, su hijo, el vecino, las mascotas, quién se hace cargo de su jardín y césped mejor que Usted misma(o)! Es éste pensamiento fundamentalmente regresivo que nos lleva hacia atrás.

La vida, nuestro mapa, sigue una forma diversa de encontrar el balance. Siempre hay señales: una palabra o un momento de descubrimiento que podría estar justo en frente de nosotros; sólo tenemos que prestarles atención. El balance como un todo, siempre sucede. La balanza se inclina de una forma u otra.

Mantener nuestros ojos abiertos, asimilar todo a nuestro encuentro, buscar en nuestro interior, encuéntrese a sí mismo. Al final, estar perdido es tan beneficioso como el ser encontrado. Nuestra confianza siempre debería de estar fuerte, porque no tenemos ningún enemigo más fuerte que nosotros mismos. Somos nuestra única causa de destrucción. Tragedia, dolor, tristeza, desesperación y el odio son insignificantes en comparación con el daño que podemos causarnos a nosotros mismos.

Sepa que confiando sí mismo, no existe nada más allá de su alcance. Encontrarla es fácil, pero mantenerla fuerte — es una verdadera obra de amor. ¿Está lista(o) para empezar?

EL PROPÓSITO DE LA ORACIÓN

Parafraseando a Ludwig Feuerbach (un subestimado y lamentablemente casi olvidado gran pensador): "... esa sabiduría divina es sabiduría humana; qué el secreto de la teología es la antropología; . . . El punto de inflexión necesario de la historia, es por lo tanto, la confesión abierta, de que la conciencia de (el divino) no es nada más que la conciencia de las especies; el hombre (como especie) puede y debe estar sólo por encima de los límites de su individualidad... que no hay ninguna otra esencia que el hombre pueda pensar, soñar, imaginar, sentir, creer en, desear, amar y adorar como lo absoluto, que la esencia de la misma naturaleza humana."

En esta declaración, todos los temas que hemos discutido son evidentes. Todo lo que buscamos afuera de nosotros, siempre ha estado en nuestro interior. La verdad que buscamos está enterrada dentro, enredada entre la telaraña de mentiras e ilusiones que creamos para nosotros. Todos somos individuos, pero somos parte de un todo -

una conciencia humana o colectiva, la raza humana. Nada de lo que digamos, o con lo que intentemos distraernos, felicidad falsa o no, podrá nunca superar o compararse con la satisfacción, el amor y el placer encontrado al ser parte de la totalidad de la humanidad. Comprender éste principio lo liberará. No solo tome mi palabra, compruébelo Usted mismo.

Cuando haya terminado éste libro, vuélvalo a leer. Medite sobre las palabras. Construya sobre ellas y encuentre en su interior las respuestas que busca.

Esta carta fue escrita por una querida e ilustrada hermana en la luz que se ha comprometido a trabajar con mujeres en prisión. Sus preguntas hacia mí y mis respuestas siguen a continuación.

Escrita por Ruth Carter (Unidad)

"He estado teniendo un dilema sobre una de las chicas (en una prisión federal) que sólo recientemente tuvo cirugía para cáncer de colon. Ella debió volver a casa el 23 de agosto, y ahora le han dicho que no puede volver a casa porque el Centro que la iba a recibir no podrá hacerlo debido a que ella necesita quimioterapia extensa. Ella puede ser transferida a una prisión que es un Centro Médico. Así que obviamente está muy molesta, como lo estuve yo cuando me dijo 'Verdaderamente me había creído que iba a volver a casa y tomar las píldoras de quimio.' Ahora muchas personas estaban orando por ella, y simplemente no podía ajustar mi cabeza alrededor del por qué ella no podría crear lo mismo por ella misma, porque si creamos con nuestros pensamientos palabras y acciones, ¿entonces que ocurrió?

Si en efecto el amor, el odio y el deseo son las emociones que crean, entonces estoy segura de que ella tenía el deseo de crear eso por sí misma. Muy bien, digamos qué el destino es la razón por la que no podemos cambiar las cosas, o qué su pensamiento patrocinador antes de que ella entrara en el mundo físico era tener cáncer, o tal vez su "karma" pidió que experimentara esto. Entonces si nuestras vidas se basan sólo en el destino, ¿por qué orar, meditar, etc..?

Creo que oramos porque la oración nos hace sentir bien, nos da tranquilidad, así que sólo por eso vale la pena, porque todos queremos tranquilidad. ¿Entonces dónde queda la co-creación? Oh sí y entonces está la pequeña cosa llamada libre albedrío. Estas eran algunas de mis preguntas. Estuve pensando esto en los últimos días.

En el centro del escenario está el libre albedrío. Supongamos que tenemos nuestro destino, pero utilizamos nuestro libre albedrío para elegir qué camino vamos a tomar para cumplir con ese destino. El hombre puede superar cualquier limitación, porque para empezar las creó con sus propias acciones, y porque posee recursos espirituales.

¿Cómo reaccionaríamos a la química de nuestro "karma" al regresar? ¿Aceptaremos la "responsabilidad" y aprenderemos las lecciones del pasado? o ¿caeremos en los mismos patrones? Cómo respondamos a ésas preguntas determinará nuestro destino. Querrá decir que cómo nos movamos a través de las lecciones que nosotros mismos nos hemos puesto delante, de vidas pasadas o cualquiera que sea lo que el alma quería aprender. Dependiendo de cómo nos movamos a través de las lecciones es cómo nos estamos co-creando nuestras vidas.

Si aceptamos cada lección y con amor, paz y armonía, entonces que venga. No tenemos que experimentar las mismas lecciones y haciendo esto hemos co-creado nuestras vidas. En cuanto a hacer buenas acciones y orar por otras personas, hacemos esto para darnos tranquilidad y disminuir nuestro "karma." Esto es donde la gracia del bien aparece, entre más bien hacemos, menos duro será nuestro "karma."

Como por ejemplo, si realmente merecemos morir una muerte dolorosa, digamos por el fuego, entonces tal vez sólo se quemará nuestro dedo debido a las buenas acciones que hemos hecho, eso es a lo que se le llama la gracia del bien. ¿Qué te parece? Estoy consternada y necesito escuchar tus palabras".

Amor,

Unidad

Mi Respuesta a la carta de Unidad

Unidad, me gustó tu artículo sobre la co-creación y libre albedrío, cuando se trata de nuestro destino, pero se te olvida que todos los caminos conducen a nuestro creador. Así que aunque estemos distraídos, entretenidos, heridos o perdidos, finalmente lo qué es, va a ser.

Sí es el "destino" y "karma" de ésta persona experimentar éste cáncer de colon, y el retraso de su llegada a casa se ha situado delante de ella y si se han agotado todas las otras vías para evitar este hecho, como propuestas de corte, apelaciones, quejas, etc., entonces debe ser así. ¿Qué hay que aprender de ésta experiencia? Sólo ella debe saber.

Así es que la paradoja de la oración y la meditación tienen mención. ¿Por qué es así? Si nuestros "destinos y karma" se han elegido y escrito por nosotros, antes de la Encarnación, ¿Entonces qué? ¿Por qué orar? ¿Por qué meditar? ¿Por qué sanar? La respuesta es simple: no para "sentirse mejor," no para "prevenir", no para "distraer" y ciertamente no para perder el tiempo, pero en cambio, no sólo encontrar la paz, sino para encontrar LA explicación. Orando, meditando, canalizando, buscando, con ceremonia, éstas son, todas, el llamado de nuestro hogar original y primitivo, nuestro faro de luz. Nuestra conexión con nosotros mismos y con nuestro creador, para descargar la Directiva original, el plan, el mapa con ruta trazada. Para encontrar respuestas, por lo tanto, la búsqueda externa se vuelve autógena dentro de uno mismo.

¿Por qué lo que será, será? Porque debe ser así! Alguien me preguntó el otro día, "entonces ¿por qué existe la muerte sin razón? ¿Por qué son los niños y bebés disparados por pandilleros cuando ellos no hicieron nada para merecerlo?" Mi respuesta es, porque se supone que así debe ser, porque no podemos pretender el sentarnos y entenderlo todo. Intentar incluso tratar de entender oscurece nuestra alma. Es la fuente de el castigo y la venganza. Es la parte maligna y obscura de nuestra mente que busca una respuesta a todos los problemas y preguntas, especialmente aquellas que no entendemos.

No estoy diciendo que debemos aceptar injusticias o perdonar maldades, mucho menos que debemos permanecer inactivos y permitir que éstos eventos pasen desapercibidos o tener una muerte en vano. Lo que estoy diciendo es que hay ciertas cosas que podemos controlar y otras que simplemente no podemos hacerlo. Para aquellas cosas que no podemos, sin importar lo difícil que tratemos, debemos buscar la lección y aprender de ella. Aprender a hacer las cosas mejor en la próxima ocasión, aprender a mejorar a la gente que nos rodea, aprender a mejorarnos a nosotros mismos.

Un niño aprende de sus errores. Es la programación principal y el gran regalo que nuestro Creador nos ha dado, el libre albedrío para caer y caer nuevamente hasta que encontremos nuestro equilibrio, el levantarnos y aprender a caminar. Eso es Ser humano. Para evolucionar, tenemos que cometer errores, pues sin ellos, no podríamos tener compasión, amor y unidad. Por ésas injusticias, enfermedades, plagas, ruina financiera, soledad y muerte, nos acerca a nosotros como raza, como un todo. Hace que aquéllos que escuchan y aprenden sobresalgan y utilicen su libre albedrío. Causa grandes movimientos humanos como la igualdad de raza y género, derechos civiles, la independencia de la tiranía, y parecidos. Eso es parte de las lecciones por aprender. Sin una enfermedad, no existe cura. Sin un problema, no hay ningún ingenio para resolverlo. En este gran proceso de evolución, nos volvemos más conscientes de nuestro entorno, y por esto vibramos a un nivel superior.

Si no podemos aceptar el simpatizar, entonces no podemos ser humanos. Humanos no es un estado del ser, es un estado de ánimo. ¿Por qué le llamamos a las acciones o personas inhumanas, estamos diciendo que algo o que una persona no es humana? Porque debemos poseer simpatía para poder situarnos en el lugar de otra persona. Esa es la base de la fe. ¿Por qué las personas no entienden y dicen, "por qué el creador permitiría esto?" Porque lo hacen por falta de simpatía. Si eres un Ser de luz, entonces debes de ser capaz de simpatizar y situarte en el papel del creador, co-crear y "ver", entender la imagen más grande. Esto es co-crear, no ilusiones, no fantasía y esperanza, como la fe es comúnmente malinterpretada, para obtener resultados egoístas. Las oraciones son contestadas cuando uno "escucha" y entiende que lo que debe ser, debe ser. Es la única manera de explicarlo. La fe es confianza en uno mismo.

¿Por qué debemos tener el "fin de los tiempos" antes de que tengamos paz? ¿Por qué debe haber guerra? ¿Por qué debe haber muertes masivas? ¿Por qué nuestra madre tierra debe sufrir las consecuencias de nuestras acciones? Porque debemos aprender. Como los niños cuando se caen, por lo que debemos aprender de nuestros errores. Estos eventos no nos pasan a nosotros, nosotros le estamos pasando al mundo.

Colocamos la secuencia, la reacción en cadena que comenzó ésta agitación, en juego, y por lo tanto debemos experimentar las consecuencias. Es la única manera de que las masas lo comprendan.

¿Cuál es nuestro deber como Ser de Luz? El ser testigos y ayudar en el proceso de aprendizaje, para hacer a otros conscientes, para señalar los tiempos de aprender de nuestros errores, para descifrar las lecciones que hay que aprender de todo éste caos, para restablecer el balance una vez más y para avanzar por el camino de la luz y el amor.

Ese es nuestro deber — ser faros de luz, ser guías. No estamos aquí para cambiar el curso del destino que se ha puesto en marcha desde antes de que incluso hayamos encarnado. Jesucristo intentó y no pudo, ¿pero lo logro o no? ¿Fallo Buda? ¿Fallaron la madre Teresa y Gandhi, los monjes tibetanos y los monjes de Krishna, los yoguis, los hombres de medicina, los chamanes, los druidas y los sacerdotes mayas? No. No lo hicieron. Ellos tomaron el liderazgo y aceptaron sus destinos, sin importar que tan sangriento, o trágico, porque sabían que desempeñarían un papel importante que sería recordado por algunos. Y eso fue suficiente. Porque si hubieran fracasado, no recordaríamos sus nombres mientras reflexionamos sobre: ¿cuál es el camino?

Los Incas y los Mayas sabían, debido a su destino y por lo que llamaron la comunicación con su creador y sus alrededores, cuando terminaría su tiempo. Sabían reconocer las señales, y ellos lo aceptaron con los brazos abiertos, aún cuando sabían que iban a perecer. También lo hicieron las tribus indígenas nativas de América, India y China. El tiempo es nuestro para hacer lo que debemos. Nuestro tiempo como la civilización "actual" ha llegado a su fin. El tiempo de la luz viene y no espera por nadie. Y así, debemos dirigir el camino. Como dice el dicho, "no tenemos nada que temer más que el miedo mismo." Porque todo esto no es sino una ilusión, y la luz real y el amor nos esperan en los días venideros, cuando la humanidad llegue a ser un todo.

Suerte tienen aquellos cuyo espíritu ha sido liberado de las torturas en la mortalidad de la vida. El bebé que murió en un tiroteo, las masas que se ahogaron en el tsunami, aquellos que se han ido en terremotos, todos los espíritus que fueron llamados a la luz. Nuestros pequeños problemas personales, nuestras rencillas y dilemas, son insignificantes en comparación con las pruebas y tribulaciones por venir.

La supervivencia de nuestra humanidad depende de nuestra capacidad de aprender de todo esto y "sintonizarnos" para vibrar a la frecuencia del creador.

Para encontrar la luz desde adentro, reconocerla. Eso es ser un Ser de Luz. Eso es Ser humano.

Luz y Amor siempre...

Krys

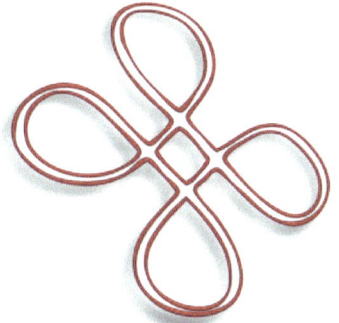

MEDITACIONES
En el camino

Busque su propio camino. Busque su propio futuro. Cree su propia realidad. La vida está ahí para el que la quiera tomar, gozarla y disfrutarla. No están solos. Incluso aquellos de nosotros con el cinturón puesto y en el asiento principal como líderes, viendo como inspirar a las generaciones futuras con más confianza y auto-aprendizaje que nosotros, aquellos que estamos comprometidos a opacar el odio, envidia, coraje y despotismo heredado en el veneno de la sociedad, incluso a nosotros nos quieren hundir y desilusionar. Nosotros también somos humanos, y la cura se encuentra en todos nosotros, en la fe que tenemos entre el uno al otro.

La tolerancia y el amor para el organismo como un todo es el final del juego. Dentro de todos nosotros se encuentran inactivas, habilidades de inmenso poder. El venderse barato le aprieta mas la venda que lleva puesta. Libérese de su propia prisión en la que se ha mantenido y salga por un momento. Respire el aire, como si fuera la primera vez.

Disfrute el amanecer o el atardecer que le baila y perdura sólo el tiempo suficiente para que medite sobre el paisaje de colores y los tonos que va dejando.

Toque la vida de alguna persona, aunque sea sólo para ayudarles a cruzar la calle, o cederles el derecho de paso. Sonría a diario, ya sea que crea que tiene una razón para una o no, hágalo un hábito. Inicie un diario y escriba fielmente sus experiencias y sus percepciones; se sorprenderá con el conocimiento que se obtiene al revisar estos escritos, llega a conocerse a Usted mismo.

Realice el ejercicio de relajación con la frecuencia que usted decida y se siéntase cómodo, y pronto será una rutina diaria. Sentirá los beneficios y se encontrará más centrado. Hágase consciente de su entorno. Haga un cambio. Vea y escuche. Vea de lo que se han estado perdiendo mientras conducía con vendas puestas.

Trate de hacer cambios visibles, pero graduales en su vida. Al principio necesitará todas sus intenciones de alterar el flujo de la corriente, hasta que finalmente estas cosas se den naturalmente. Haga cosas como reciclar, darse de voluntario, compartir su auto al trabajo, tomar transporte público de vez en cuando, y lo mejor de todo, caminar e ir a pie. Hacer cosas que lo conecten con un propósito, cualquiera que elija. Haga que su presencia cuente, y realmente vivir esa vida. Esto es a lo que las personas a veces se refieren como un resplandor, que las personas obtienen cuando sienten tal conexión.

No somos lienzos en blanco. En cambio, tenemos todo éste conocimiento en nuestro ser. Así como las plantas saben cómo buscar la luz, y como animales instintivamente saben cómo buscar refugio, nosotros también heredamos éstos beneficios, sólo que las reprimimos. Añadimos a ésta base de datos con experiencias nuevas y después pensamos que empezamos desde cero. Es por eso que nadie nunca va a descifrar los secretos de la existencia de cualquier persona en particular, porque la clave es solo de Usted y de nadie más.

Tome la oportunidad y de conocerse a sí mismo. Puedo garantizarle que será gratamente sorprendida(o). Cuando vea lo mejor de sí, entonces puede comenzar a ver lo mismo en otros.

¿No se nos quiere unir?

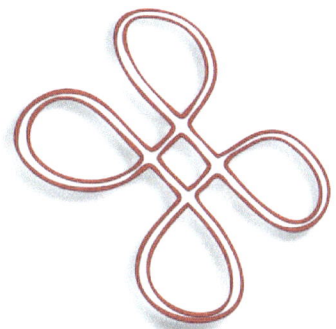

SOBRE EL AUTOR
R.Krystaline Carbajal

Autora escritora, presentadora, artista, ex-miembro de la prensa y experta en auto-motivación y fortalecimiento, fusiona experiencias personales con las de muchos que han tocado su vida y le devuelve al público las lecciones aprendidas de éstas experiencias. Son éstas filosofías que han sido adaptadas y después presentadas de forma que podrán aplicarse a cualquier persona.

R.Krystaline Carbajal ha llevado a cabo talleres desde el 2002 y posee varios títulos en administración de empresas, mercadotecnia y promoción, así como en filosofía, retórica y escritura. Certificaciones como CCVD (Certificado en Consejería de Violencia Doméstica). Krystaline continúa involucrada en los negocios, construye nuevas relaciones a donde va y ofrece programas al público por cultivar asociaciones con organizaciones comunitarias sin fines de lucro, así como con empresas locales.

La visión de Krystaline, es capacitar a cada individuo para forjar su propio destino y su fuerza interior, por el poder de la percepción y por ello cambiar, mejorar y construir cada quién en su trayectoria personal y objetivos. Es una mujer muy apasionada de su trabajo, debido a su propio camino como una sobreviviente de violencia doméstica, una incapacidad permanente, cáncer y severa fibromialgia. A menudo se utiliza a sí misma como un ejemplo de alguien que había renunciado completamente y Regresó a la vida.

Return to Life! An empowerment of the Spirit

--*"Desde el momento en que me dijeron que no volvería a caminar, inicié mi camino desde los niveles más profundos de mi obscuridad. Tomé el viaje interior a través de todas las puertas y salí con el brillo de la luz y amor que la vida nos ofrece a todos nosotros. "--R. Krystaline Carbajal*

Para saber más sobre Krystaline y sus obras visiten

www.KrystalineVisions.com

Colores y sonidos móviles. Hermosos paisajes hasta donde la vista alcanza. En un instante, pinturas que parecían exageradas, ahora parecen en silencio.

El suroeste de Estados Unidos de América y su esplendor natural dejan a uno humilde y pensativo de nuestro lugar en este mundo. La perspectiva de repente cambia encerrada en otra belleza. Santuario.

La Vida urbana parece mundana, tareas diarias ya no tan relevantes.

Una extraña conexión, una llamada, un susurro, una vibración.

Con un silencio carga el viento su canción. Cambio de estación en el momento a su propio ritmo.

Amarillos, rojos y vibrantes tintes de cafés. Verde, azul y gotitas de blanco.

Al atardecer los tonos reflejan los sueños del día. Al atardecer un prisma enredado con el arco iris y las inspiraciones dejadas atrás por el día de hoy.

Y como la luz benevolente de la partera de la humanidad resplandece, los tintes azules que la rodean sacan a relucir su esplendor, sus danzas de luz en los espejos de la tierra y la esencia de su pueblo.

Con lo conocido como su guía, lo desconocido inminentemente se convierte en nuestro tesoro. El ombligo del mundo, el vórtice de la tierra, la omnisciencia del conocimiento que somos uno.

Unidos y en armonía, lleva el espíritu adelante y da anhelo para conectarse.

Burbujas que flotan, el firmamento bailando, testimonio a la grandeza que se encuentra debajo de ella.

Madre, Gia, Tierra... recordatorio de los latidos y de la corriente. El soñar, el pensar, el ver, el sentir, para ser como uno solo. Este principio es, de la revisión de las nociones anteriores, el inicio de un viaje, el final de un plan.

-R.KRYSTALINE CARBAJAL
Partera de la Humanidad, un *poema*

www.ingramcontent.com/pod-product-compliance
Lightning Source LLC
Chambersburg PA
CBHW042330150426
43194CB00001B/6